Guette

MOI, TA FILLE

DU MÊME AUTEUR

Madame et le Management, Tchou, 1969.
Madame et le bonheur, Robert Laffont, 1972.
Je veux rentrer à la maison, Grasset, 1979.
Ça va, les hommes ?, Grasset, 1981.
Le divorce-boom, Fayard, 1983.
Moi, ta mère, Fayard, 1985.
Chers enfants, Fayard, 1987.
Nos sous, Fayard, 1989.

Christiane Collange

MOI, TA FILLE

Fayard

SOMMAIRE

Avertissement

Retraités, inactifs, personnes âgées, vieillards, troisième ou quatrième âges : tous ces mots ont une connotation négative. Ils évoquent des images de décrépitude et de sénescence, une sorte de fatalisme face au temps qui passe.

Au Québec, on appelle les plus de soixante ans les « aînés ». Je trouve ce terme bien plus adapté. Les **aînés** de la tribu familiale (arrière-grands-parents, grands-parents, beaux-parents ou parents, légitimes ou pas) peuvent être plus ou moins « vieux », plus ou moins « actifs », plus ou moins valides, ils restent les **aînés**. Les premiers de cordée vers l'inconnu, ceux qui connaissent les chapitres précédents de notre biographie commune. A un moment donné, ils ont assumé la responsabilité de cette tribu, ils en ont assuré la pérennité.

Il y a des **aînés** d'un incroyable dynamisme, bien décidés à mourir vivants. D'autres ont déjà renoncé à vivre avant même d'être **aînés**.

J'emploierai souvent ce mot d'« **aînés** » pour

parler de nos parents dans leur dernier quart-temps. Il cadre bien avec le propos et le ton que je voudrais donner à ce livre.

Quand nos parents disparaissent, nous devenons **aînés** à notre tour.

Encore une précision pour vous permettre de vous y retrouver dans ma collection personnelle d'**aînés**. Mes principaux interlocuteurs seront au nombre de quatre :

1) **Maman, dite Mamie** (née en 1900). Elle collait si formidablement à son personnage de grand-mère, puis d'arrière-grand-mère, que mes frères, mes sœurs et moi avions fini par l'appeler Mamie plutôt que Maman.

2) **Papa, dit Daddy** (né en 1888). Tiens, c'est étrange, je l'ai toujours appelé Papa. Peut-être parce que, comme beaucoup d'hommes de sa génération, il était nettement plus âgé que Maman et qu'il est mort tôt dans ma vie. Je n'ai pas eu vraiment le temps de remplacer mon Papa à moi par le grand-père de mes enfants.

3) **Dédée** (née en 1895). Oui, ma tante s'appelait Andrée, et comme elle est profondément gentille, elle n'a pas fait un drame quand ses neveux et nièces l'ont affublée de cet horrible diminutif ! Grande sœur de

Maman, Dédée est depuis vingt ans l'**aînée** de toute la famille. Au moment où j'écris ce livre, Dédée vit sa quatre-vingt-quinzième année et je l'aime.

4) **Mamina** (née en 1904). C'est la maman de mon mari — j'évite volontairement le mot belle-mère. Mamina est veuve depuis dix ans et vit en province, dans sa ville natale, loin de ses deux enfants. Une situation pas commode, à son âge, mais qu'elle assume avec beaucoup de dignité.

Une dernière précision : les prénoms cités dans les témoignages rapportés ont tous été changés. Il ne fallait à aucun prix transformer les confidences en règlements de comptes !

I

Avant-Propos

Ce jour-là, dans l'église de notre village normand, celui où nous avons nos cœurs, si ce n'est nos racines, on baptisait deux de mes petits-fils.

Juste avant la cérémonie, l'émotion me joua un de ses tours habituels. Ayant la larme facile, le trop-plein d'affectivité me transforme assez souvent en fontaine. Si je résiste aux grandes eaux, je prends le risque d'être terrassée par un fou-rire incoercible et forcément déplacé (avez-vous déjà vu un vrai fou-rire bien placé ?).

Le regard ironique du papa des deux catéchumènes en barboteuses, autrement dit mon fils aîné, me contemplant sagement recueillie entre mon premier et mon actuel mari, suffit alors à provoquer la grande catastrophe. Je me mis à glousser un peu trop fort au goût de ma mère, l'arrière-grand-mère, qui se tenait droite, digne et très émue devant notre trio grand-parental. En m'entendant pouffer, elle se retourna, me fusilla de son superbe regard noir, me réprimanda : *« Enfin, Christiane, tiens-toi !... »*

Tout à coup, à voir Maman me gronder comme si j'avais six ans, à réaliser que cette scène se déroulait le jour du baptême de **mes** petits-enfants, que c'était moi, la grand-mère, qu'on menaçait d'envoyer au coin, moi, l'aïeule, qui me retrouvais gamine insupportable dans le monde des adultes graves et compassés, j'ai irrémédiablement lâché les grands rires — ceux dont on dit qu'ils vous font mourir, mais dont j'ai toujours pensé qu'ils m'auront fait vivre.

Le regard du curé, encore plus sidéré que choqué, paracheva le désastre ; je fus obligée de sortir de l'église pour tenter de récupérer mon sérieux et mon calme. Tout le temps que dura la brève cérémonie, j'en fus bien incapable.

Parce que ma mère n'a jamais admis qu'elle n'était plus chargée de m'apprendre à me comporter comme une jeune fille de bonne famille, voilà comment j'ai été une grand-mère indigne le jour du baptême de mes petits-enfants.

Aujourd'hui, Maman n'est plus là pour me faire les gros yeux. Peut-être est-ce pour cela que, plus de trois ans après sa mort, j'ose écrire ce livre. Elle n'aurait pas aimé le lire, ni entendre ses vieilles amies lui en parler.

De leur temps, il n'était pas séant d'évoquer les coulisses de l'intimité familiale. Les rôles de chacun étaient définis avec précision par le code moral, social et religieux. A chacun — et surtout à chacune — de s'y conformer, du moins en apparence, quitte à endurer en secret les angoisses d'une révolte dévastatrice.

Dans le code de Maman, les parents savaient mieux que les enfants, les enfants respectaient la parole des parents, et tout le monde se portait mutuellement assistance tout au long de la vie en partageant les mêmes idées, la même foi, les mêmes valeurs. Pas toujours confortable à vivre, mais relativement simple à appliquer. Avec de bonnes œillères et une volonté de fer, on allait droit son chemin de femme de devoir. Quatre-vingt-sept ans durant, Maman a tenu ce rôle, croyant impavidement que nous n'avions ni remarqué ni compris les fêlures de sa vertueuse statue. Aussi n'ai-je pas eu le courage d'aborder de son vivant ce sujet des relations entre les déjà presque vieux enfants et leurs encore plus vieux parents.

Pourtant, ce n'est pas d'hier que l'envie d'en parler me trotte dans la tête. Très exactement depuis le jour où j'ai dit *« merde »* à Maman pour la première fois de ma vie, l'année de mes cinquante ans[1]. Aussitôt et tout à la fois, je me

1. Elle avait donc quatre-vingts ans, puisque, depuis ma naissance, nous avons toujours eu trente ans de différence...

suis demandé comment j'avais pu oser, pourquoi je ne l'avais pas fait plus tôt, et si cela avait vraiment servi à quelque chose d'autre qu'à me soulager. (Curieusement, à l'époque, après une brouille de deux ou trois jours, nous avons retrouvé des relations tout à fait identiques à celles que nous entretenions avant l'incident ! Ni pires ni meilleures : de vraies relations familiales encombrées de non-dits, d'affectivité profonde et compliquée.)

Pour une mèche sur le front

Vous vous demandez quel conflit gravissime avait pu conduire une personne somme toute assez convenablement élevée et non violente, comme moi, à dire un gros mot à sa mère. Vous pensez à quelque différend familial, à un problème d'intérêt, à un conflit politique ou moral. Détrompez-vous. Il s'agissait d'un détail aussi stupide que minuscule : une petite mèche de cheveux, sur mon front, que ma mère s'escrimait à relever chaque fois que j'allais l'embrasser, le matin, durant ces mois d'août où nous voisinions en Normandie.

Depuis longtemps, je savais que cet embryon de frange que j'ai toujours aimé porter pour adoucir mes traits (infiniment moins purs que les siens) avait dans nos relations une valeur de symbole. Pour les dames de sa génération, une femme bien coiffée devait avoir chaque cheveu à sa place et une place pour chaque cheveu. Elle se vantait d'ailleurs de s'être toujours levée le matin avant Papa pour confectionner son chignon et mettre ses bandeaux en ordre après une nuit de sommeil : *« Votre père ne m'a jamais vue décoiffée »*, se vantait-elle. Et moi de m'interroger sur le style de rapports sexuels qu'une telle perfection de mise pouvait laisser supposer...

Compte tenu de ses certitudes, Maman supportait donc très mal ma tête ébouriffée des matins d'été, celle que je sortais de la mer sans user d'un autre peigne que mes dix doigts, ou que je promenais délicieusement au vent sans me soucier des embrouillaminis capillaires. Chaque fois que Maman me rencontrait, elle me conseillait de bien vouloir me coiffer, d'aller au plus vite chez le coiffeur, ou bien elle me glissait la main dans les cheveux pour tenter de rétablir un peu d'ordre dans ce scandaleux ébouriffement qui, selon sa logique à elle, devait mettre mon ménage en péril.

Ses recommandations sur mon *look* m'agaçaient prodigieusement. Elles ne traduisaient pas seulement nos divergences d'appréciation sur l'esthétique féminine, mais, bien au-delà, deux conceptions de la femme et de sa place dans la société : l'une contrainte (la sienne), l'autre autonome-impertinente-libérée (la mienne). En gros, si mon mari s'était révélé capable de me tromper ou de me quitter pour des histoires de cheveux en désordre, j'estimais qu'il valait mieux changer de mari que de coiffure (ce que je finis d'ailleurs par faire... pour d'autres motifs !)

Depuis des années, j'essayais de faire admettre à Maman que, respectant de mon côté sa volonté de s'habiller tout en noir, comme une veuve sicilienne, depuis l'âge de quarante ans (bien que je trouvasse cette ascèse vestimentaire inutile et tristounette pour ses petits-enfants, puis ses arrière-petits-enfants), j'aurais aimé qu'elle fît preuve de la même mansuétude à mon endroit. Qu'elle m'aime comme j'avais choisi d'être, non comme elle avait envie que je sois.

Cette mienne mèche était donc chargée de significations très *psy*, ce qui explique en fin de compte son rôle de détonateur. Ce jour-là, quand la main maternelle s'approcha de mon front, je dis *merde* à cinquante ans de communication à sens unique.

C'était il y a dix ans. Depuis lors, j'ai écouté des milliers de gens remettre en question les rôles traditionnels des hommes, des femmes, des parents, des enfants, des maîtres, des élèves, des patrons, des salariés, des citoyens, des dirigeants. Parmi eux, de plus en plus souvent, j'ai entendu s'élever la complainte des « matures » à l'encontre de leurs parents vieillissants.

Le ras-le-bol des enfants grisonnants

A la mi-temps de la vie, *quadras, quinquas* et *sexas* n'en finissent pas, à leur budget défendant, de loger-chauffer-blanchir — aimer leurs enfants *cocooners* qui tardent de plus en plus à voler de leurs propres ailes. Simultanément, ils doivent se porter au secours de leurs propres parents, confrontés aux difficultés physiologiques et psychologiques du dernier quart-temps. Ajoutez sur leurs épaules déjà bien surchargées : les jeunes divorcés qui les appellent à la rescousse, les premiers petits-enfants, quelques rhumatismes parce qu'ils n'ont plus vingt ans, des menaces professionnelles parce qu'ils n'en ont plus trente, et vous comprendrez sans mal que la ménopause — ou l'andropause — a bon dos pour expliquer le ras-le-bol des grands enfants grisonnants[1].

1. Parce qu'ils sont nés de parents jeunes, ont eu leurs enfants tard et seront grands-parents encore plus tardivement, bientôt, même les *septas* porteront le fardeau d'une génération au-dessus et de deux générations en dessous. Exemple : un homme de soixante-dix ans peut encore avoir sa mère de quatre-vingt-dix ans, alors que son fils, qu'il a eu entre trente-cinq et quarante ans, ayant fait des études de médecine, vient tout juste de s'installer en clientèle, de se marier, d'avoir un enfant et de s'endetter avec la caution de Papa-Maman...

Non, nous les fils et les filles du *papy-mamy-boom*, nous n'avons pas vu venir nos difficultés actuelles. Tout occupés à élever nos enfants du *baby-boom*, nous avons oublié d'éduquer nos parents. Nous nous retrouvons désemparés, nous demandant pourquoi il est plus difficile de s'expliquer avec ses parents qu'avec ses enfants, pourquoi il est plus simple de dire *merde* à ceux-ci qu'à ceux-là.

J'ai délibérément balancé à la tête de mes « ados » des vérités acides, sans craindre de détériorer nos relations : je les savais assez forts pour digérer quelques couleuvres, pourvu qu'elles soient enrobées d'une certaine tendresse. Au surplus, quand on fait des reproches à ses enfants en cessant de jouer la parfaite mélodie du bonheur familial et en osant ne plus se donner des airs de pélicans au grand cœur, on peut se convaincre d'agir ainsi pour leur bien, d'être, somme toute, dans son bon droit parental. Dans la nature, les primates supérieurs ne contraignent-ils pas leurs jeunes à prendre des risques pour apprendre à survivre ? Les reproches ne font-ils pas partie de nos devoirs éducatifs au même titre que les appréciations et les compliments ?

Vers l'amont, la vérité est autrement difficile à faire passer. Nous ne sommes pas là pour morigéner nos vieux parents. Jamais, au grand jamais nous n'avons entendu dire qu'il était du devoir des enfants de rappeler à leurs parents les règles de la vie. Sans doute est-il alors trop tard pour entrouvrir les silences que nous avons laissé s'établir entre nous, au fil de nos vies adultes imbriquées mais parallèles.

Comment leur faire admettre que leurs principes, leurs habitudes, leurs certitudes ne correspondent plus aux temps actuels, à nos attentes, aux relations nouvelles qui devraient s'instaurer pour éviter l'indifférence ou les conflits entre nos cheveux gris et leurs cheveux blancs ?

Comment apprendre nous-mêmes à ne plus attendre d'eux une réponse à nos fragilités ?

Comment leur venir en aide sans leur ôter l'envie de s'assumer le plus longtemps possible ?

Comment leur donner la présence et l'amour qu'ils sont en droit d'espérer ou de réclamer, sans nous laisser phagocyter par mauvaise conscience ?

N'espérez pas que ce livre apporte des réponses toutes faites, des recettes vites lues d'harmonie filiale, une sorte de mode d'emploi en kit à l'usage des troisième et quatrième âges. Chaque couple, chaque famille, chaque duo affectif entre individus d'une même parentèle est original et ne peut fonctionner qu'en respectant les trames compliquées d'un passé commun. De tous les attelages humains, ceux qui lient à jamais un parent et un enfant[1] sont les plus impossibles à bidouiller à l'aide de quelques petits trucs et de notre gros bon sens.

Aussi n'est-ce que par comparaison, en écoutant la mélopée des autres, que l'on a quelque chance de mieux comprendre ce qui grince ou ce qui ronronne dans cet univers irréductible à tout autre.

Moi, ta fille, déjà grand-mère

Je n'ai plus de comptes à régler avec toi, Maman. Depuis longtemps déjà, nous les avions liquidés. Pas toujours au mieux, mais pas si mal non plus, puisque j'ai vécu à peu près en équilibre dans ma tête et dans mon cœur et tenté — sans toujours y parvenir — de te rembourser, sur ton tard, une part de cette joie de vivre que je te devais.

Si je reviens maintenant sur notre histoire commune, c'est que j'ai une fois de plus le sentiment de ressembler à tout le monde, de me poser des questions d'une formidable banalité face à une situation peu banale, mais qui est en

1. Je mets volontairement ces mots au singulier, car chaque enfant et chaque parent forment un alliage unique. Une des erreurs les plus fréquentes consiste justement à calquer avec l'un de ses parents ou enfants ce que l'on vit ou ressent avec l'autre.

train de revêtir une ampleur tout à fait nouvelle dans nos sociétés développées.

Moi, ta fille, bientôt retraitée, déjà grand-mère, encore pétrie des souvenirs de ta jeunesse, et pourtant formée par les libertés et acquis de ma génération, je vais essayer de comprendre ce qui nous est arrivé à toutes deux.

Il s'agit là d'une aventure on ne peut plus ordinaire, car des millions de grands enfants et de petits parents nous ressemblent depuis que la vie se fait de plus en plus longue. Mais rien ne prouve que ce qui est banal soit simple !

Notre histoire, en effet, n'a rien de très exceptionnel. Statistiquement, nous sommes dans la moyenne : Papa est mort bien avant toi et tu es restée veuve pendant de très longues années, comme la majorité des femmes de ta génération.

J'ai vécu toute ma vie dans la même commune que toi, à moins de vingt kilomètres l'une de l'autre, comme les trois quarts des enfants mariés[1]. Il se trouve que notre village à nous s'appelle Paris. Comme ta mère, tu y étais née, j'y ai vu le jour moi aussi, nous y avons donc mené une relation presque provinciale. Embouteillages en plus.

Dans nos sociétés éclatées dont on ne cesse de

1. Louis Roussel, *La Famille après le mariage des enfants*, Inst. nat. ét. démograph., 1977.

dire qu'elles éparpillent les tribus, arrachent les individus à leurs racines et à leurs affections, la proximité entre parents et grands enfants est une valeur sauvegardée, du moins en Europe.

En Grande-Bretagne, le quart des hommes seuls et le tiers des femmes seules ont un enfant à moins de cinq minutes de chez eux. En Belgique, près de neuf parents sur dix ont un enfant à moins d'une demi-heure de voiture de leur domicile. Dans le canton de Genève, les deux tiers des parents ont au moins un de leurs enfants dans un rayon de dix kilomètres[1].

Comme l'immense majorité des parents après le mariage de leur progéniture, tu n'as jamais voulu habiter chez aucun de tes enfants. Tu ne partageais pas assez les modes de vie de tes filles et tu respectais trop la vie privée de tes gendres pour t'imposer chez l'une d'entre nous. Quant aux foyers de tes fils adorés, ils étaient d'abord ceux de tes belles-filles, ce qui constituait une raison suffisante pour t'y rendre le moins possible et ne pas envisager une seconde de t'y sentir jamais chez toi.

Ayant moi-même des fils, je te comprends tout à fait. Les maisons, quoi qu'on fasse ou dise, appartiennent d'abord aux femmes. Le fils le plus

1. Maximilienne Levet et Chantal Pelletier, *Papy Boom*, Grasset, 1988.

attentionné, le mari le plus coopératif, le plus « poule » de tous les papas, interrogera toujours sa *directrice générale* ou son *ministre de l'Intérieur* avant de s'engager pour une invitation, un projet, une « importation » concernant sa famille à lui.

Partir chez soi, un privilège

Dans certaines civilisations orientales ou africaines, les belles-mères habitent sans problèmes chez leur fils, elles y ont droit à toutes les attentions et se sentent parfaitement à l'aise. Je mettrais ma main au feu que, dans ce cas-là, c'est l'épouse qui trinque, tant il est vrai que le pouvoir implicite ou avoué d'une « maîtresse de maison » — au vrai sens du terme — ne se partage pas avec une autre femme de sa famille.

Tu es donc restée chez toi jusqu'au bout. Les derniers temps, quand tu n'as vraiment plus eu les forces physiques et les capacités intellectuelles de l'autonomie, nous avons organisé des tours de garde pour que tu réalises ton vœu le plus cher : partir, comme Papa, sans hôpital et sans rupture, en jetant un dernier regard sur les photos de nous tous, à tous les âges, qui décoraient ta chambre.

Ce *maintien à domicile* est désormais considéré comme la plus humaine et la moins chère des solutions, mais il reste un privilège. Grâce au dévouement remarquable d'une femme qui est restée auprès de toi jusqu'au bout, tu as eu cette chance. J'aimerais tant bénéficier de la même quand mon heure viendra !

Je sais bien, en effet, que mon entrée dans les derniers âges n'est pas si lointaine. Il me reste quinze, vingt ans, vingt-cinq ans peut-être, pour négocier en douceur l'ultime virage, le plus difficile à prendre si l'on veut rester maître de sa route.

Comme tous les enfants du monde ambitionnent de surpasser les générations qui les ont précédés, je voudrais vivre différemment de toi les longues années qui me resteront encore à couler au XXIe siècle.

Elles n'étaient pas inscrites au programme, dans notre jeunesse, et nous avons l'impression qu'il va nous falloir innover, inventer de nouveaux modes de vie, des façons originales de vieillir dans cette drôle de société que nous nous sommes fabriquée.

Si je parviens à bien comprendre ce qui s'est passé entre nous, à analyser nos motifs d'exaspération, à dénouer l'incroyable complexité de nos sentiments et comportements, j'arriverai peut-être à trouver ce « juste milieu » que chacun vit pour son propre compte, mais que la plupart des spécialistes négligent ou ignorent.

Depuis trente ans, en effet, le discours face à la vague grise et blanche a toujours oscillé entre deux extrêmes :

1) La dénonciation de la misère absolue des **petits vieux** abandonnés dans les mouroirs sordides de l'Assistance publique ou livrés à des marchands de grabats sans scrupules. Ni dents, ni enfants, ni promenades le dimanche. On les voit souvent au Journal télévisé, quand une maison de retraite brûle ou qu'une salmonelle les assassine collectivement à l'issue d'un repas mal préparé.

2) L'optimisme forcené des **nouveaux vieux**, joyeux et vitaminés, partisans inconditionnels de la retraite hyperactive. Toutes leurs dents, peu d'enfants, plusieurs tours du monde, si possible, avant de s'exiler pour mourir au soleil. On les voit aussi à la télévision, mais dans les écrans publicitaires, pour vanter les merveilles d'une assurance-vie ou d'un plan d'épargne-retraite. On les y verra de plus en plus, car leur argent intéresse non seulement banquiers et assureurs, mais tous les marchands d'éternelle jeunesse, de temps-pas-perdu-pour-tous, puisqu'il reste la retraite pour le rattraper.

Ces deux espèces coexistent, j'en ai rencontré des exemplaires aussi scandaleusement misérables que remarquablement conservés ; elles ne représentent pourtant en rien la masse de nos aînés. Dans leur grande majorité, il m'a semblé que petits parents et grands enfants partagent des soucis et des bonheurs moins outranciers, se posent des questions moins radicales, cherchent assurément des réponses adaptées aux impératifs de l'époque, mais qui soient également respectueuses d'une certaine pérennité de la nature.

Nous savions bien, toi et moi, que la marche à pied, les crèmes de beauté, la thalasso, les cures de remise en forme, les régimes, les périples au long cours, les mots croisés, repoussent doucement et sûrement les échéances, mais jamais nous n'avons pensé qu'il en irait ainsi éternellement.

Mais que diable, pourquoi est-ce seulement aujourd'hui que j'arrive à avoir avec toi ce genre de conversation ?

II

L'invention des ancêtres vivants

Vous arrive-t-il de réaliser que presque tous nos aînés d'aujourd'hui sont nés avant la guerre de 14-18 ?

Déjà, mes petits-enfants me prennent pour un dinosaure quand je leur raconte qu'à leur âge, je me rendais au marché, le lundi, avec les fermiers de notre village cauchois, en voiture à cheval. Nous trottions une petite heure pour parcourir les dix kilomètres qui nous prennent dix minutes en auto quand nous allons ensemble au supermarché.

> — *Pourquoi ils ne prenaient pas leur voiture, Mamie ? Ça les amusait plus de sortir la jument et la carriole ?*
>
> — *Mais non, simplement, après la guerre*[1], *personne n'avait de voiture. Il était presque*

1. « Après la guerre » : quand certains aînés utilisent cette expression, nous oublions souvent qu'ils parlent de la Première, de la Grande, alors que nous-mêmes pensons à la Deuxième, la dernière des mondiales, on peut l'espérer !

impossible et quasiment interdit d'acheter de l'essence. On fabriquait très peu d'automobiles et les gens des campagnes ont dû attendre les années 1960-1970 pour commencer à en acheter.

Les regards des enfants s'interrogent, perplexes, sur ces temps reculés où les *mecs* n'avaient pas de *bagnole.*

Pas de bagnole ! Tu te rends compte ? Non, ils ne peuvent pas même imaginer une vie sans voiture. Comme ils ne conçoivent pas ces soirées en famille quand la télévision n'était pas là pour combler les silences.

Quant à toi, Dédée, ils te regardent comme la Tour de Pise, un monument un peu penché d'un autre temps, lorsque tu évoques ta vie à la sous-préfecture de Moutiers — ce bourg des Alpes qui sert de gare aux prestigieuses stations de Courchevel et de Méribel, dans les « Trois-Vallées » —, au début des années 20, quand ton mari y fut nommé sous-préfet.

Tu y as vu, racontes-tu de plus en plus souvent — car ce souvenir fait partie de tes rengaines préférées —, la femme du maire de Saint-Martin-de-Belleville filer la laine de ses moutons dans la grand-salle de sa ferme, directement ouverte sur l'étable pour que les bêtes tiennent bien chaud pendant les hivers savoyards. Comment, toi,

Dédée, qui partages toutes nos grandes vacances, qui sais te servir du four à micro-ondes et nous régaler avec des recettes de ton invention à base de produits surgelés, tu auras vu, dans tes jeunes années, une Savoyarde en coiffe filant avec son rouet et son fuseau ?

Vous vous rendez compte ? Non. Tes arrière-petits-neveux ne se rendent pas du tout compte. Mais ils écoutent et ils enregistrent.

En feuilletant l'album de famille

Heureusement que vous avez été, êtes et serez encore là, Daddy, Mamie, Pépé, Dédée, Mounette, Mamina et les autres, pour leur raconter ces images d'un autre temps, de *votre* temps. Entre vous et les Gaulois, ils ne saisissent pas toujours bien la différence, peu importe. Les repères s'inscrivent dans leur mémoire, les aident à prendre conscience de la formidable accélération du *tempo* du progrès.

Quand nous feuilletons ensemble les albums de photos du passé, nous te voyons, toi, Maman, adolescente, près de la première automobile à être entrée dans ta famille. Elle appartenait à un oncle qui avait bien réussi, le reste de la tribu prenant encore le train et la voiture à cheval pour partir en vacances à la campagne. Tu portes une grande capeline avec un voile de mousseline qui te cache le visage. Sage précaution imposée par ta mère, terrifiée à l'idée que tu gobes des mouches en roulant à des vitesses folles (40 ou 50 kilomètres à l'heure, sans pare-brise !).

Cette idée qu'on puisse avoir peur à cinquante à l'heure fait la joie de mes petits-fils, eux qui t'ont encore connue au volant d'une voiture. Ils n'étaient heureusement pas à l'arrière quand tu t'es fait arrêter à quatre-vingts ans passés pour excès de vitesse !

Nous sommes sans doute en train d'assister aux toutes premières relations entre de très petits enfants et leurs aïeux — ne faudrait-il pas dire leurs *ancêtres* ? Les arrière-grands-parents étaient jadis une denrée rarissime dont on inscrivait les noms et prénoms sur les branches de son arbre généalogique. Parfois, des photos jaunies dans un ovale en carton permettaient de deviner une ressemblance, de trouver quelque vague air de famille avec une mariée un peu grassouillette ou un bidasse en bandes molletières, jamais revenu des tranchées de Verdun. Les ancêtres gardaient toujours l'air jeune, puisqu'ils devenaient rarement vieux.

Désormais, c'est dans la proportion d'un sur quatre que les enfants connaissent, au moins pendant quelques années, un ou plusieurs grands-parents de leurs parents. Ils garderont des souvenirs étonnés de leurs rencontres avec eux. Grâce à ce contact avec leurs arrière-grands-parents, ils descendent profond dans l'intimité de leur passé, apprennent très jeunes la relativité du temps humain, vérifient et ressentent la rapidité avec laquelle le monde change.

Peut-être aussi, de ce fait, auront-ils moins peur que nous du grand âge. En côtoyant plus souvent les cheveux blancs, en ayant appris tout petits à chercher les lunettes, à ramasser les cannes, à crier bien fort pour être sûrs que Pépé saisisse le message, les adultes du siècle prochain accepteront sans doute plus volontiers que nous les handicaps des corps qui ont beaucoup servi.

Il n'était même pas question, quand nous étions enfants, d'avoir des arrière-grands-parents ! Déjà, pour beaucoup d'entre nous, les grands-pères étaient peu courants. Nous n'avions l'occasion de fréquenter intimement que nos grand-mères. Mais nous les avons presque toutes perdues avant de pouvoir leur présenter nos propres enfants.

J'ai souvent songé que cette absence de vieux dans notre enfance explique en partie les difficultés qu'il nous arrive de ressentir actuellement. Pour supporter les autres, encore faut-il apprendre à les connaître, admettre leurs façons d'être, essayer d'accepter leurs différences. Nous vivons dans un pays qui a dissimulé ses handicapés, ses mongoliens, ses infirmes et maintenant ses vieux — par peur.

Dédée m'émeut toujours quand elle refuse de se montrer en public par crainte de « déranger » ceux qui la regardent. Refusant de se rendre à la réception de mariage d'un de mes neveux, elle s'explique : *« Non, je n'irai pas avec toi, je ne suis plus un spectacle. J'ai du mal à marcher, je ne suis pas bien belle à regarder. Il faut laisser les jeunes entre eux et ne pas risquer d'abîmer leur joie en leur exhibant une si vieille dame... »* Ce jour-là, je ne suis pas arrivée à la convaincre du contraire. Il est vrai qu'elle est elle-même tellement « dérangée » par l'apparence de ceux qui l'entourent : enfants mal coiffés, hommes mal rasés, tenues décontractées n'ont jamais fait partie de son éducation. De son temps, et par conséquent du tien aussi, Maman, il fallait avant tout être *convenable*. Ceux — et surtout celles — qui ne l'étaient pas se faisaient juger du premier coup d'œil. Ainsi, pour les vieilles dames veuves, il n'était pas « convenable » de s'habiller de couleurs vives, de se teindre les cheveux, de se maquiller, de rire ou de s'amuser trop fort en public. Si bien qu'elles préféraient vivre recluses, même et surtout quand elles vivaient malheureuses.

Nous avons caché nos vieux

Voilà un domaine où nous avons beaucoup à apprendre des Anglo-Saxons. A plus de quatre-vingt-dix ans, Rose Kennedy, mère des deux frères assassinés, s'est laissé photographier dans une chaise roulante, poussée par un de ses petits-fils. J'imagine mal la vieille maman d'un de nos leaders se prêtant au même reportage dans la grande presse. Au demeurant, il n'est pas certain que le public français apprécierait ce regard indiscret jeté sur l'intimité familiale d'un homme politique.

Nos vedettes du grand et du petit écran posent volontiers dans les magazines en compagnie de leurs chiens, de leurs enfants, de leurs partenaires plus ou moins provisoires ; elles invitent rarement leurs aînés à sourire devant le petit oiseau qui va sortir. Peut-être parce que le *public* n'est justement pas assez *grand* pour admettre la relativité de la jeunesse et regarder en face trop de rides à la fois. Passe encore pour le visage buriné d'un grand virtuose, la bouille ratatinée d'une vieille romancière, mais point trop n'en faut !

Tout ce qui dérange notre petite normalité, tout ce qui risque de nous rappeler les dangers qui nous menacent à terme, nous préférons ne pas le voir. Alors nous avons caché nos vieux, et nos vieux ont pris l'habitude de se cacher. Ce qui hier n'était pas très difficile, vu qu'il y en avait peu.

Désormais, il y a beaucoup trop de cheveux blancs pour qu'on fasse semblant de ne pas les voir !

Ces relations de plus en plus prolongées avec nos vieux parents nous paraissent d'autant plus difficiles à maîtriser que leur présence éveille en nous des interrogations insupportables sur notre propre vieillesse.

Admettons-le : tant que nous sommes à l'aise en imaginant que nous puissions leur ressembler dans vingt-cinq ou trente ans, nous ne rencontrons pas de problèmes graves. Tant que nos cellules communes semblent résister convenablement à la décrépitude, le moral prévisionnel reste au beau fixe.

Écoutez les presque vieux enfants s'émerveiller de la vitalité de leurs déjà vieux parents :

— *Maman est prodigieuse pour son âge. Quand quelqu'un a un vrai problème affectif dans la famille, c'est auprès d'elle qu'il va chercher conseil. Elle a gardé une capacité remarquable de s'intéresser aux autres, et pas seulement à elle-même.*

— *Mes enfants disent que leur Mamie reste la seule bonne cuisinière de la famille.*

Ce n'est pas très aimable pour mes belles-sœurs et moi, mais c'est tellement vrai !

— Papa est un phénomène : à quatre-vingt-huit ans, il prend une douche glacée tous les matins et téléphone ensuite à l'un de ses fils pour vitupérer les hommes politiques. Le jour où il ne gueulera plus, je serai vraiment très inquiet.

— Mes parents sont partis pour la première fois en Égypte, l'hiver dernier, à soixante-quinze et soixante-dix-huit ans. C'était la première fois de sa vie que Maman prenait l'avion ! Une fois là-bas, ils se sont réveillés tous les matins à quatre heures pour voir le soleil se lever sur les temples, les pyramides ou le Nil. Je me demande si j'aurais le courage d'en faire autant pendant quinze jours...

L'œil pétille, le torse se bombe : *Bon chien chasse de race.* Ceux qu'agacent prodigieusement les démarrages hésitants de leurs enfants mous, admirent d'autant plus franchement le dernier sprint de leurs parents fermes.

Au-delà de quatre-vingt-dix ans, la *perf* revêt une signification presque métaphysique. Les vieilles dames indignes et les *golden-papies* enchantent leurs descendants. Plus ils transgressent les images et comportements « convenables » de la vieillesse, plus ils font reculer les limites de nos propres angoisses.

Mes fils aînés ont fait l'admiration de leurs copains avec l'histoire de leur grand-père de quatre-vingt-douze ans. Un soir de Noël, à la fin du réveillon, le Papy est pris d'un malaise suffisamment grave pour qu'on appelle d'urgence « SOS-médecin ». La famille affolée attend le verdict du docteur : *« Je crois que vous n'avez plus qu'à le coucher*, constate le praticien en souriant. *Votre père, monsieur, est simplement ivre. Il a dû trop boire de champagne. A cet âge-là, on supporte mal l'alcool. Demain, deux aspirines l'aideront à surmonter sa gueule de bois. L'année prochaine, dites-lui seulement de boire avec un peu plus de modération ! »*

Tous les membres de la descendance de s'enorgueillir : passe encore de boire, mais se saouler à cet âge !

Identification biologique à ses parents ou grands-parents : on nous a tellement répété que la santé, la sénilité, la longévité étaient irrémédiablement héréditaires, que nous ne pouvons nous empêcher d'avoir le regard rivé sur les derniers maillons vivants de notre chaîne génétique. S'ils tiennent ferme super longtemps, tous les espoirs nous sont permis ! S'ils donnent des signes de relâchement physique ou intellectuel, nous voici hantés par le spectre de nos propres défaillances.

Allons, allons, le mimétisme à vingt ou trente ans de distance n'est pas inéluctable ! Les progrès de la médecine, l'amélioration des conditions de vie, la volonté de prévenir plutôt que vieillir nous permettent bien des espoirs. Reste qu'on préfère calculer la moyenne de ses antécédents en additionnant quatre fois quatre-vingts ou davantage, plutôt que rester en dessous de cette barre-là !

L'envie de se réveiller demain

Ces hordes d'aînés qui envahissent notre quotidien nous laissent cependant désemparés. Nous ne savons plus s'il faut espérer que la vie se prolonge ainsi, de plus en plus souvent, vers le nombre 100. Eux disent qu'ils ne le souhaitent pas, mais, à les regarder vivre de près, je suis sûre que tous ne le regrettent pas. Au contraire.

Tu n'es pas tout à fait sincère, Dédée, quand tu prétends en avoir assez de la vie. Ou, plus exactement, tes découragements ne sont que des moments comme chacun de nous, plus ou moins jeune, en traverse. L'être humain qui n'aurait jamais de coup de déprime et qui trouverait la vie merveilleuse, cinq sur cinq, trois cent soixante-cinq jours par an, serait sans doute plus bête qu'optimiste.

Il suffit de passer quelques jours auprès de toi

pour capter les moments de plaisir, les éclairs de joie qui jalonnent ton existence : un téléphone qui sonne, un dessert aux pommes cuites, une lettre[1] qui te donne des nouvelles d'un de tes petits-enfants parti faire sa vie loin de Paris, la visite de Monsieur le curé, venu te raconter les potins du village, un chemisier blanc bien propre qui éclaire ta jupe noire et dont on te fait compliment, les hortensias en fleurs devant la fenêtre de ta chambre. Faisant le bilan de tes journées, je pense que tu t'endors le soir en ayant tout à fait envie de te réveiller le lendemain.

Même avec tes genoux qui te martyrisent quand le temps change ? Même avec dix-sept pilules à prendre chaque jour pour te garder en santé, pas très bonne, mais pas si mauvaise que ça ? Oui, tu as envie de continuer à vivre, au besoin avec pilules et douleurs. Tant mieux.

En dehors des prodigieux progrès de la médecine et de la chirurgie, des antibiotiques, des anticoagulants, des traitements contre le cancer, le vrai secret de l'allongement de la vie tient

1. Les aînés adorent les lettres. Parmi les preuves d'affection tangibles reçues de leur entourage, ils y attachent une importance beaucoup plus grande qu'aux coups de téléphone. D'une part, ils ont été élevés dans le culte de l'écrit, non dans celui de l'audiovisuel. D'autre part, les écrits restent ; on peut relire plusieurs fois une lettre. Une lettre est du temps donné, là où un coup de fil est le plus souvent du temps économisé... Enfin, là où une lettre « parle », le téléphone est le moyen le plus commode de ne rien dire en laissant parler l'autre !

surtout, me semble-t-il, à *l'envie de vivre* de plus en plus chevillée au corps de nos aînés. S'ils ne tiennent pas à s'en aller, en dépit de toutes leurs petites misères physiques et des chagrins qu'ils doivent surmonter, c'est que leur vie quotidienne, après tout, n'est pas si désagréable à supporter.

Pour avoir accompagné Papa et Maman jusqu'au dénouement, je crois pouvoir dire qu'ils sont partis quelques semaines à peine après avoir décidé de ne plus rester. Le jour où ils se sont sentis trop las pour poursuivre, ils se sont laissés doucement glisser vers la mort. Le physique a de très peu suivi le moral. Un médecin m'a d'ailleurs affirmé que même chez les grands malades, on ne meurt effectivement qu'à compter du moment où l'on a décidé de ne plus vivre. Ainsi, une naissance attendue dans la famille, une cérémonie heureuse que la mort viendrait gâcher, suffisent parfois à retenir un agonisant. Une fois accompli l'événement attendu, il se laisse partir.

Vive la télé !

Ne vous y trompez pas : ces propos sur la mort n'ont rien de désespérant, au contraire. J'y vois surtout une raison de ne pas toujours prendre pour argent comptant les déclarations mélancoliques ou désabusées de nos aînés. Ils disent qu'ils en ont assez, mais ils trouvent encore assez de charme à leur vie quotidienne pour rempiler au jour le jour.

A cet égard, au risque d'agacer certains intellectuels[1], je veux rendre un hommage sincère et vibrant à la télévision. Parfois abrutissante pour les enfants, souvent médiocre pour les adultes, quelquefois réductrice pour la vie de famille, elle est miraculeuse pour les aînés ! On ne le dira jamais assez : la télévision a élargi leur univers, éveillé leurs intérêts, stimulé leurs neurones, lutté plus efficacement que tous les médicaments contre la sénescence, la déprime, l'insomnie[2] et l'isolement. Sans elle — et la radio —, la vieillesse serait aujourd'hui un vrai naufrage. Assurés, quoi qu'il arrive, de pouvoir rester branchés sur les images de l'univers, nous aurons moins peur que nos aînés d'avancer en âge.

J'adore les coups de téléphone de Mamina et de son fils commentant à six cents kilomètres de distance un match de rugby qu'ils ont vécu aussi intensément l'un que l'autre en direct de Twickenham. Mamina n'aurait jamais imaginé un dialogue de ce genre avec sa propre mère. Quand les vieux de jadis restaient calfeutrés au

1. Il y a pas grand risque, car il est peu probable que les intellectuels anti-télévision lisent un de mes livres !

2. Ne dit-on pas que la télévision est le seul somnifère qui se prenne par les yeux ?

coin du feu, leur univers rétrécissait, jusqu'à devenir minuscule. Retranchés du monde, ils se retrouvaient en tête à tête avec leurs petites misères, les yeux obstinément tournés vers le passé, jugeant avec amertume un présent et un avenir qui les excluaient.

Financièrement, la situation est meilleure

Inconscients de leur propre longévité, les aînés actuels, malheureusement, ne se sont en rien préparés à bien vieillir.

Souviens-toi, Maman, comme ta génération fut complètement prise au dépourvu par la première déferlante de vieilles dames ! Il faut dire que les pensions de réversion, la Sécurité sociale, la prise en charge des soins, n'existaient pour ainsi dire pas pour toutes ces veuves qui furent nos grand-mères. C'était l'époque où les cheveux blancs étaient synonymes de maladie, de déchéance et de pauvreté. La *vieillesse* décrite dans son livre par Simone de Beauvoir n'avait d'autre épilogue que le désespoir. Heureusement, cette complainte des asiles et du dénuement sonne aujourd'hui un peu rétro. L'immense majorité de nos aînés européens a désormais de quoi vivre, ou, à tout le moins, largement de quoi ne pas mourir. Leur situation financière n'est pas plus scandaleuse que la moyenne des autres revenus[1].

Ce n'était pas le cas pour nos grand-mères, obligées de vivre aux crochets de leurs enfants. Situation humiliante, surtout pour les mères de filles, elles-mêmes femmes au foyer, et qui dépendaient ainsi du bon vouloir d'un gendre. Même quand il s'agissait d'un gentil gendre comme Papa, lequel avait toujours trouvé parfaitement normal et évident que Petima vécût chez nous.

Petima, ma pauvre grand-mère maternelle, avait été abandonnée par son trop beau mari au moment de la guerre de 14-18. Il était revenu tout à fait vivant du grand carnage, mais pas du tout décidé à reprendre la vie commune avec elle. Bien que radicalement fauchée, jamais elle n'envisagea de se mettre sérieusement au travail pour gagner son pain. Tant qu'elle fut à peu près en bonne santé, elle tint merveilleusement son rôle de répétitrice, infirmière, nounou, professeur de piano, baby-sitter et pâtissière auprès de nous

1. *« Familles et foyers âgés ont des niveaux de vie remarquablement proches en moyenne... Les foyers âgés isolés sont dans l'ensemble dans une situation presque toujours meilleure que celle des familles avec enfants. Par exemple, ils ont un niveau de vie équivalent à celui d'un couple de deux actifs avec deux enfants (qui est le type de famille le plus fréquent). Seuls les couples de deux actifs avec un seul enfant ont un niveau de vie supérieur... »* (Geneviève Canceill, « Les revenus des personnes âgées », in *Économie et Statistique*, juin 1989.)

cinq, ses petits-enfants. Une formule de grand-mère au pair, « à la chinoise », qui convenait tout à fait à la vie de grand reporter que Papa entendait mener à travers le monde en emmenant sa femme avec lui.

Pourtant, toi, Maman, tu as eu presque honte de nous imposer ta maman vieillissante. L'espèce de flou qui l'a envahie aux toutes dernières années de sa vie te paraissait peu digne de nous. Ou bien était-ce de toi ? Elle a fini ses jours dans une maison de retraite très convenable où nous allions la voir à tour de rôle, le dimanche, beaucoup moins offusqués que toi par les errements de sa mémoire. Elle est morte comme elle avait vécu, discrètement, sans agressivité, en essayant de se faire oublier, de s'excuser du dérangement.

L'égoïsme des petits-enfants

J'ai souvent pensé à elle, ces dernières années, quand tu te plaignais, Mamie, de l'égoïsme de tes petits-enfants dont certains ne venaient pour ainsi dire jamais te voir, en dehors de quelques fêtes de famille et de Noël. Même au nouvel an où tu restais chez toi toute la journée en attente, tu ne recevais pas forcément des visites[1].

Nous aussi, nous avions négligé notre grand-mère, ta mère, aux derniers temps de sa vie. Pourtant, elle avait été une vraie grand-mère, et nous des petits-enfants plutôt aimants et point trop mal élevés. Seulement voilà : nous avions nos études, nos amours, nos copains, nos vacances et, par-dessus le marché, nos parents. Où pouvions-nous caser les aînés dans nos vies surencombrées ? Entre la puberté et l'âge d'être parents à leur tour, les jeunes — filles ou garçons — prennent avidement ce que chacun peut leur apporter ; la plupart oublient totalement de donner. Comment leur en vouloir ?

Toi, tu leur en voulais. Moi, je leur trouvais des excuses, en souvenir de moi. Même si ma mémoire vient à flancher, quand ce sera mon tour de me sentir quelque peu abandonnée par toutes mes chères petites têtes, j'essaierai de ne pas oublier la leçon. Mieux vaudra sans doute me blinder que me plaindre.

Mamina fait preuve de stoïcisme. Elle affirme :

1. Les vœux de nouvel an, jadis strictement obligatoires envers les aînés, sont peu ou prou tombés en désuétude. Ils ne subsistent que dans le monde diplomatico-politique et quelques administrations ou entreprises un peu vieux jeu.

« Voilà bien des années, depuis qu'elles ont quatorze/quinze ans, que je n'attends plus rien de mes petites-filles. Quand elles me rendent visite, me donnent un coup de téléphone, m'envoient une carte postale, cela me fait toujours plaisir. Mais quand elles ne se manifestent pas, j'essaie de ne pas ressasser leur manque d'attentions. Grâce à quoi je ne me fais pas inutilement du chagrin. Je préfère évidemment celle qui est gentille avec moi. Les autres, j'essaie de les comprendre, ou plutôt de les "oublier"... »

On dit parfois que les aînés sont durs, mais le cœur se tanne à force de prendre des coups. Mamina a raison de se protéger, elle a choisi l'indifférence plutôt que l'amertume.

Quand Petima est morte à quatre-vingt-trois ans, nous avons pensé que c'était tout à fait normal de mourir à cet âge. Aujourd'hui, on trouve que pour une Européenne exempte de maladie grave, sans cancer, épargnée par les accidents de la route, c'est relativement rapide de tirer sa révérence avant quatre-vingt-cinq ans. En lisant les rubriques nécrologiques des journaux, on s'aperçoit que la plupart des aînées grimpent presque jusqu'à quatre-vingt-dix ans, quand elles ne les dépassent pas gaillardement.

Et ce n'est qu'un début !

III

Cinq certitudes aux cheveux blancs

Grâce à des ordinateurs bien dressés et à quelques projections bien ajustées, on sait d'ores et déjà que l'explosion démographique des cheveux blancs n'en est qu'à ses prémices. D'ici 2050, elle prendra des proportions considérables. Les prochaines générations d'actifs vont avoir à endosser cette sacrée responsabilité en assumant de lourdes charges financières et des choix politiques compliqués.

Futurologues et hommes politiques les évoquent désormais assez souvent pour que nous devenions conscients qu'il nous faudra inventer des façons d'intégrer cette nouvelle masse d'aînés dans le vécu quotidien d'une société dépourvue des rythmes et des valeurs qui semblent leur convenir.

Le simple énoncé arithmétique du problème permet de prendre toute la dimension de cette vague grise et blanche, la première à déferler dans de telles proportions sur une société humaine.

(C'est un peu fatigant d'être toujours « les

premiers êtres humains à » ... maîtriser la fécondité, divorcer aussi souvent, marcher sur la lune, domestiquer l'énergie nucléaire, traverser l'Atlantique en quelques heures, changer plusieurs fois de métier ou de lieu d'habitation au cours de son existence, etc., etc. Vous voyez ce que je veux dire ? Nous sommes pionniers dans tellement de domaines, nous, les vingtième-finissants, que nous ne savons plus très bien comment conduire nos vies sur des voies d'où l'on a banni tous les panneaux de signalisation !)

La différence entre les bébés et les aînés, dans les prévisions démographiques, c'est que les premiers sont à naître, ils n'existent encore que dans les projections mathématiques et les potentialités de leurs futurs-éventuels-parents, alors que les plus de soixante-cinq ans présents et à venir existent bel et bien en chair et en os. Il suffit de les dénombrer. Non seulement d'ici la fin du XXe siècle, mais jusqu'à la seconde moitié du XXIe siècle !

Rassurez-vous, je ne vais pas vous infliger des pages de statistiques sur le « vieillissement de la population dans les pays occidentaux ». Les chiffres sont partout les mêmes : impressionnants, préoccupants, « interpellants », comme on dit chez les branchés.

Parmi une tonne de documentation, j'ai retenu cinq certitudes qui résument à elles seules la nouvelle situation des cheveux gris/blancs dans les pays avancés. Ce qui est vrai pour l'Europe l'est également pour les États-Unis. La déferlante sera encore plus énorme au Japon.

Première certitude : **l'espérance de vie n'a cessé d'augmenter pour tous. Vivre jusqu'à un âge avancé fut longtemps exceptionnel ; c'est devenu une perspective et un fait normal.**

Il vous suffit de regarder ce petit tableau et vous aurez tout compris :

ESPÉRANCE DE VIE MOYENNE DES FRANÇAIS[1]

	1913	*1960*	*1989*
HOMMES	48,5	67,2	72,5 ans
FEMMES	54,4	74,3	80,7 ans

Actuellement, la probabilité de fêter son quatre-vingt-cinquième anniversaire est de 19 % pour un homme et de 41 % pour une femme — oui, **quarante et un pour cent des femmes atteindront ou dépasseront les quatre-vingt-cinq ans.** J'écris cela en gras pour que vous preniez bien la mesure

1. *La Santé en France, faits majeurs, grandes tendances*, La Documentation française, septembre 1989. Rappelons que l'espérance de vie tient compte de tous les décès depuis l'enfance. L'âge moyen est donc dépassé par une majorité d'individus.

d'un tel chiffre ! Soit plus du double de ce que l'on observait en 1950...

Vers 1740, les plus de soixante ans ne représentaient que 8,3 % de la population française, contre 17 % en 1980 et sans doute plus de 20 % à l'horizon 2000. Aujourd'hui, dans un pays comme la France, une personne sur cinq a donc plus de soixante ans. Elle n'était qu'une sur six il y a vingt ans.

La plupart de nos aïeux, hommes ou femmes, mouraient en activité. A trente ans, la majorité des adultes étaient orphelins de père et de mère. Les grands-parents seraient, dit-on, une *invention du XIXe siècle*. Les arrière-grands-parents, nous venons de le constater, sont une « invention » encore plus récente.

Une fois de plus, il est inutile de chanter les louanges du *bon vieux temps*, ce temps mythique où tout était tellement mieux qu'aujourd'hui : l'amour, le couple, les enfants, la famille et le respect dont on entourait les patriarches ! Car, dans ce bon vieux temps-là, les couples ne vivaient en moyenne qu'une quinzaine d'années ensemble, la moitié des enfants mouraient en bas âge, et les grands-parents étaient d'autant plus chers qu'ils étaient rares. On peut même se demander si les vieux ne bénéficiaient pas d'un prestige exceptionnel du fait même de leur rareté.

Papa est mort à quatre-vingts ans. A l'orée des

années 70, on m'en a presque félicité : avoir pu garder son père jusqu'à un âge aussi avancé, quelle chance ! Aujourd'hui, nous apprenons chaque jour au Journal télévisé la mort d'un virtuose, d'un penseur ou d'un écrivain âgé de quatre-vingt-cinq ans et plus. Nous sommes fort loin du temps où Victor-Hugo, mort à quatre-vingt-trois ans, était considéré comme un grand vieillard par l'ensemble de la nation admirative.

Nous sommes les premiers grisonnants à considérer comme parfaitement « normal » d'avoir souvent encore leur Papa et presque toujours leur Maman.

Deuxième certitude : **la différence de longévité entre les hommes et les femmes joue de plus en plus en faveur du sexe féminin :**

D'une manière générale, les femmes profitent plus que les hommes de l'augmentation de leur longévité moyenne. Durant ces vingt dernières années, la distance entre hommes et femmes s'est même encore accrue d'une année de vie.

Comment faire perdre aux hommes européens la vilaine habitude — dont ils ne parviennent pas à se débarrasser — de mourir avant nous ? Franchement, ce n'est ni sympathique ni affectueux de nous laisser le veuvage pour tout partage au bout du voyage ! Pourtant, ils sont en grande partie responsables de leur mort anticipée : ils ne prennent pas suffisamment soin de leur précieuse personne. S'ils faisaient un tout petit peu plus attention à leur hygiène de vie, ils pourraient nous tenir compagnie au moins quatre ou cinq ans de plus. Ce serait toujours ça de gagné sur nos années de solitude.

Allons, mes chéris, jetez vos paquets de cigarettes par-dessus les moulins, apprenez à boire de l'eau quand vous prenez le volant, et cessez de vous ruiner la santé pour enrichir votre employeur (État ou entreprise privée) ! Cela ne sert à rien d'être le plus méritant ou le plus riche au cimetière, ni même d'avoir la Légion d'honneur dans son curriculum posthume. Si vous continuez à vous tuer au travail en fumant et en buvant alcool et café pour vous aider à soutenir des horaires infernaux, votre petit cœur explosera aux alentours de la soixantaine, nous laissant tristes et solitaires pour très longtemps.

Une fois veuves, nous aurons très peu de chances de refaire notre vie, car la plupart de vos petits camarades sont comme vous et nous faussent eux aussi compagnie au moment où ils pourraient profiter d'un repos bien mérité.

Les Anglaises et les Américaines l'ont compris depuis belle lurette. Faute d'hommes aux cheveux blancs, elles se contentent de la compagnie des femmes. Elles savent beaucoup mieux que nous s'organiser une vie agréable dans un univers au féminin : voyager, aller au restaurant et sortir le soir entre femmes, profiter de la vie et rire entre elles. Non, n'allez pas imaginer aussitôt des relations ambiguës : dès qu'on parle de femmes entre elles, les Européens ont l'esprit mal tourné. Il serait pourtant tellement plus logique, tellement plus économique, surtout, de savoir partager à plusieurs vieilles copines le même logement, la même villégiature, plutôt que de regarder la télévision et prendre ses repas sur un coin de table de cuisine, claquemurée dans une vie à soi toute seule !

Cette façon de cultiver les amitiés féminines n'est pas encore entrée dans nos mœurs de Latines. Il faudra sans doute attendre que parte à la retraite la génération des « femmes actives » pour savoir si elles auront appris à considérer leurs semblables comme des collègues/amies plutôt que comme des rivales.

Pour l'instant, seuls les couples de sœurs partagent volontiers leur pain quotidien, mais tout le monde n'a pas la chance d'avoir une sœur gentille, proche, **et veuve** en même temps que soi !

Sans compter qu'à la génération de nos mères, il était classique (et bêtement recommandé) de prendre pour époux un homme plus âgé. Cinq ans semblait une bonne mesure ; dix, le comble de la bienséance. Les hommes avaient en effet la réputation de vieillir mieux et moins vite que les femmes — réputation totalement surfaite depuis que les femmes ne sont plus détruites par les grossesses multiples, les allaitements interminables et les gros travaux domestiques. Par peur de l'apparition de leurs propres rides vers la quarantaine, les pucelles convolaient à vingt ans avec des bedonnants bien carrés dans leur gilet et leur situation professionnelle. Les considérations financières n'étaient pas non plus étrangères à cette différence d'âge, les jouvenceaux ayant rarement les moyens de subvenir aux besoins d'une femme au foyer et de sa nichée.

Résultat : après avoir gavé leurs maris de bons petits plats bien cholestérolisés, la majorité de nos mères se sont retrouvées veuves à cet âge redoutable où l'on n'est pas encore vieille dans sa tête et dans son cœur, même si l'on n'est plus du tout jeune dans son corps (un corps est « jeune » jusqu'à vingt-cinq ans maximum ; ensuite, il peut être plus ou moins bien « conservé », il n'est plus jamais « jeune » !)

Veuves et pas joyeuses du tout de l'être dans nos sociétés européennes où toute la vie sociale s'organise par paires...

Troisième certitude : **les plus de quatre-vingts ans (voire de quatre-vingt-dix ans) vont poser des problèmes d'hébergement et de santé auxquels nous ne nous sommes pas préparés.**

« Le nombre des centenaires a plus que décuplé en trente-cinq ans, passant de 200 en 1953 à 3 000 en 1988. La baisse de la mortalité passée et à venir fera encore progresser rapidement le nombre des centenaires. Ce dernier devrait plus que doubler d'ici 2000[1]*... »*

Si j'ai bien compris, il y aurait donc près de six mille centenaires, rien qu'en France, à l'orée du prochain siècle. Imaginez que pour l'Europe des Douze, cela peut représenter environ cinquante mille centenaires en état de fêter le 1er janvier 2000 ! Sans compter les Bulgares qui, comme chacun sait, battent tous les records de longévité grâce à leur surconsommation de yaourt. Pour le monde entier, je ne veux même pas essayer de faire le calcul !

Cette banalisation du centenaire risque de décourager un peu les candidats aux trois chiffres. Réussir à se maintenir en tête des vraiment chenus dans un peloton très limité avait quelque

1. « 3 000 Centenaires en 1988 », *Population et Société*, juin 1989.

chose de stimulant. On doit se sentir moins motivé pour lutter pied à pied contre la mort dès lors qu'on ne représente plus qu'un très vieux vieillard parmi d'autres !

Une de mes amies m'a avoué que sa grand-mère de quatre-vingt-dix-sept ans se fait acheter chaque matin les journaux dans lesquels elle ne lit que la rubrique nécrologique. L'hécatombe autour d'elle, loin de lui abattre le moral, la ravigote en lui donnant davantage chaque jour le sentiment d'être une *recordwoman.*

Son but : fêter ses cent ans. Jusqu'à preuve du contraire, et je souhaite vraiment qu'elle remplisse ses objectifs, cette course contre le sablier donne un sens à chacune de ses journées. N'allons surtout pas lui casser sa baraque en lui révélant la relative « démocratisation » du centenariat !

Neuf ans en état de « dépendance »

Sans aller jusqu'aux centenaires, les « quatre-vingt-dix ans et plus » ont également le vent en poupe. Au cours des trente dernières années, ils ont vu leur effectif multiplié par cinq. Tu vois, Dédée, tu n'es pas une exception, même si, pour moi, tu es tout à fait unique !

Hélas, tout le monde ne vieillit pas aussi génialement que toi. D'après une enquête de l'INSERM, deux sur trois des personnes de plus de quatre-vingt-cinq ans vivent en état de « dépendance », c'est-à-dire qu'elles ont besoin d'être aidées dans tous les simples gestes de la vie quotidienne.

Un spécialiste du Centre de gériatrie de Grenoble, le Dr Hugonot, souligne que les quelque dix années de vie supplémentaires qui devraient se traduire par un surcroît d'existence active correspondent, hélas, à la durée moyenne de cet état de « dépendance » : neuf ans[1].

Pour ces neuf ans-là, chaque famille doit improviser des solutions qui vont du coup de main épisodique à la prise en charge complète, au fur et à mesure que la « dépendance » augmente. Chaque cas particulier représente un casse-tête. Il faut bricoler des organisations bancales, rarement satisfaisantes. Il n'y a pas assez d'aides familiales mises à la disposition des personnes âgées qui souhaitent rester chez elles. Quelques municipalités organisent des distributions de repas à domicile ou des réseaux de télésurveillance, mais pas toutes, et les formules de vie en collectivité sont ou désastreuses (hôpitaux, « asiles ») ou ruineuses (maisons de retraite, résidences, etc.). Les conditions de ressources pour obtenir

1. Cité par Gérard Badou dans *Les Nouveaux Vieux*, Pré aux Clercs, 1989.

de l'aide sont draconiennes, si bien que les pensionnés de la classe moyenne se retrouvent trop « riches » pour être secourus et trop « pauvres » pour se faire aider.

Le siècle ne pourra pas s'achever sans qu'ait été traité sur grande échelle, dans toutes les nations occidentales, ce problème des personnes âgées dépendantes. En attendant, la culpabilité des enfants n'a d'égale que l'horreur des parents quand il faut se résoudre à un placement dans quelque établissement collectif.

Martine a failli faire une grave dépression nerveuse quand sa mère a commencé à perdre le sens du temps et de l'espace. Avant de prendre la décision de la mettre dans une maison de retraite, elle en a été malade pendant des mois.

Pourtant, il n'était plus question de laisser vivre la vieille dame seule chez elle. Pas envisageable non plus qu'elle aille habiter chez sa fille, l'appartement de Martine étant déjà beaucoup trop exigu pour le couple et leurs deux grands fils. Martine n'aurait d'ailleurs pas osé imposer à son mari la présence d'une belle-mère vraiment diminuée. Il a donc bien fallu admettre qu'il n'y avait pas d'autre solution. Martine a commencé la tournée des maisons de retraite, ces visites aux directrices qu'on supplie de bien vouloir trouver une petite place quand les lieux semblent accueillants. Après maintes recherches, si angoissantes, quand le temps presse, elle a eu la chance de trouver, dans les environs de Paris, un établissement de qualité :

> *« Les tarifs dépassent la pension de réversion que touche Maman. J'ai donc vendu les quelques meubles de valeur qu'elle possédait pour lui constituer, avec ses maigres économies, un petit capital. Cela complétera pendant deux ans environ. Ensuite, je ne sais même pas ce que je ferai. Il faudra que je verse à peu près un tiers de mon salaire chaque mois. Et mes fils n'auront toujours pas fini leurs études... Quant à mon mari, il ne peut pas beaucoup m'aider, car la situation de sa mère n'est guère plus florissante. Nous sommes tous deux enfants uniques... »*

Leur cas n'est pas unique, lui. Il sera même de plus en plus fréquent, au siècle prochain, de voir un couple d'actifs contraint de venir en aide à plusieurs aînés.

Quatrième certitude : **cette « invasion » de vieux ne sera pas compensée par une arrivée de jeunes, bien au contraire.**

Les jeux sont faits. Quoi qu'il arrive au XXIe siècle, les rapports entre générations dans les cinquante ans à venir sont inscrits dans les chiffres. Avec des taux de natalité qui s'effondrent depuis vingt ans dans presque tous les pays occidentaux, les jeunes actifs seront de moins en moins nombreux pour subvenir aux besoins de leurs aînés.

Toi, Maman, tu as eu de la chance. Ta génération a été la toute première à profiter des « pensions de réversion ». Vous étiez si peu nombreuses à en bénéficier, à l'époque du *boom* économique des Trente Glorieuses[1], que personne, au grand jamais, n'aurait imaginé de remettre en question les retraites sur lesquelles vous comptiez. Elles ont même été très régulièrement revalorisées.

Il n'en sera sans doute pas de même très longtemps.

La fameuse question : *« Qui paiera ? »* a beau être posée et re-posée par les caisses de retraite au bord du gouffre financier, nul ne veut répondre. Au coup par coup, année après année, on multiplie les prélèvements « exceptionnels ». Des exceptions qui se sont peu à peu transformées en règle. Qu'y faire ?

Mais nous sommes ici pour parler de vie privée, non pour échafauder des plans de politique économique et sociale. Sur le plan person-

1. Trente Glorieuses : on appelle ainsi les années 1945-1975, du lendemain de la Deuxième Guerre mondiale au premier choc pétrolier, qui ont représenté une période d'essor économique remarquable pour les démocraties occidentales.

nel, la conclusion est évidente : s'il y a de plus en plus de vieux et de moins en moins de jeunes, chaque jeune un tant soit peu conscient de ses devoirs d'être humain devra s'occuper un peu plus des vieux.

Je me permets ici une remarque : beaucoup de jeunes sont tout prêts à s'investir dans des combats humanitaires souvent éloignés ou théoriques, à militer pour la sauvegarde des éléphants ou des baleines, à s'enthousiasmer pour la protection de la forêt amazonienne, mais ils ne parviennent pas à rendre une visite, fût-elle brève, à leur Mamie, ou à emmener leur vieux cousin faire, à tout petits pas, un tour au parc.

Je connais personnellement des militants dévoués d'associations bénévoles qui passent leur dimanche à distribuer des tracts ou à émettre des appels de fonds ; curieusement, ils n'ont pas trouvé cinq minutes pour donner un coup de téléphone à leur grand-mère depuis un an.

Il faudrait financer une campagne d'affichage, consacrer une grande soirée télévisée à la sauvegarde des troisième et quatrième âges, pour rappeler fermement qu'il y a, tout près de chacun de nous, beaucoup de tristesse dont nous sommes largement responsables.

A bon entendeur, salut !

Cinquième certitude : **les familles, de plus en plus ramifiées sur le plan des générations, seront de plus en plus chahutées dans leurs structures.**

D'ores et déjà, un quart des familles comptent des représentants de quatre générations : enfants, parents, grands-parents et arrière-grands-parents. A ces quatre générations de base, soudées entre elles par les liens du sang, viennent désormais s'agréger toutes les ramifications d'une parentèle de plus en plus compliquée.

Près d'un mariage sur deux ou trois se termine par un divorce, 20 % des enfants naissent hors mariage, les jeunes forment souvent plusieurs couples provisoires avant de se stabiliser ; les remariages « allient » des fratries d'origines diverses.

Or tout divorce, toute séparation génère des liens nouveaux, sans dénouer totalement les anciens. Les enfants gardent leurs vrais grands-parents, ils s'insèrent néanmoins dans la tribu du nouveau compagnon de leur mère ou de la nouvelle femme de leur père. Ils peuvent ainsi se retrouver avec six ou huit papies et mamies. Une aubaine quand ils sont petits et que c'est Noël ! Une charge affective quand ils seront grands et que ce sera Noël...

Ces familles en mutation, séparation, diversification constantes, perturbent à juste titre les aînés.

Marie-Jeanne et Philippe, quatre-vingt-trois et quatre-vingt-quatre ans :

> « *Nous avons trois fils : soixante, cinquante-huit et quarante-huit ans. Nos garçons sont adorables avec nous, mais ils ne peuvent pas venir très souvent. Actuellement, nous avons bien du souci avec notre dernier fils, Jérôme. Il vient de se remarier* pour la quatrième fois *! Il est libre, on ne le juge pas, mais quatre fois... L'ennui, c'est que nous n'aimons pas bien sa dernière femme. Ils sont venus nous voir l'été dernier et ma femme a refusé qu'elle l'appelle Mamie. Ce qui nous fait le plus de mal, c'est que Jérôme n'admet pas que nous continuions à voir sa troisième épouse. Nous sommes très attachés à elle et à son fils. On ne voit pas pourquoi il faudrait casser l'amour qui existe entre notre petit-fils et nous.* »

Parfois aussi, ces morceaux de famille reconstituée leur apportent une tendresse d'autant plus appréciable qu'elle n'était pas inscrite dans les normes sociales de leur jeunesse.

Albert, quatre-vingt-trois ans :

« Ma femme avait trois enfants quand je l'ai épousée. A sa mort, son fils (soixante et un ans) m'a proposé de déménager pour me rapprocher d'eux. J'ai accepté. Maintenant, je vais déjeuner tous les jours chez lui, il vient boire l'apéro chez moi. Je m'entends très bien aussi avec ma belle-fille. La façon dont ils vivent ? Cela ne me regarde pas. Si j'intervenais, on finirait par se brouiller. Il faut laisser les jeunes vivre comme des jeunes. Je n'aime pas les hommes qui passent leur temps à rondiner *(ronchonner). »*

Une souplesse d'adaptation dont pourraient s'inspirer bien des aînés très déstabilisés par la révolution en cours de toutes les normes familiales.

Les changements d'habitudes affectives

Dans ta jeunesse, ma pauvre Mamie, les belles-mères supportaient plus ou moins bien leurs belles-filles ou leurs gendres, elles savaient néanmoins assez vite à quoi s'en tenir et n'avaient plus du tout besoin de changer leurs habitudes affectives dans le dernier quart-temps de leur vie.

A ton époque, on se mariait pour le meilleur et pour le pire, on faisait peu l'amour quand on voulait peu d'enfants, les femmes restaient au foyer quand leurs maris gagnaient suffisamment d'argent pour ne pas les envoyer à l'usine ; elles étaient fières de ne pas travailler. Quelques rares hurluberlues faisaient des études supérieures et fumaient des cigarettes ; il n'était pas question de les imiter.

Tout cela était clair, simple, facile à comprendre. Quand une situation nouvelle se présentait, il suffisait de se reporter aux tables de la loi religieuse, morale ou sociale, et de s'y conformer. Même si c'était loin d'être toujours satisfaisant, ça permettait de savoir à tout moment la marche à suivre pour être quelqu'un de **bien**. Les gens *bien* n'avaient pas d'histoires — tout au moins, pas d'histoires connues.

Aussi n'avais-tu jamais imaginé que quatre sur cinq de tes enfants divorceraient et qu'il te faudrait avoir le cœur très souple ou bien accroché pour que puissent y entrer et en sortir successivement tant de personnages venus tour à tour tenir le rôle principal dans nos vies. Au début, toute pétrie des préceptes de ta religion, tu as souffert de cette ronde. Peu à peu, tu t'y es habituée, tu as même adhéré à nos changements. A tes yeux, notre bonheur importait plus que tes convictions. Tu es devenue la Mamie d'un peu tout le monde, de nos anciens et de nos actuels, de nos enfants et des leurs. Plus il y avait de monde à table, plus tu te sentais exister.

J'ai souvent admiré la tolérance dont tu as ainsi fait preuve vis-à-vis de nos vies chaotiques. Toi, si rigide dans tes comportements, si intransigeante dans tes jugements, tu perdais tout esprit critique dès qu'il s'agissait d'un de tes enfants.

En revanche, le spectacle de la génération suivante, celle de tes petits-enfants, n'a pas trouvé la même grâce à tes yeux.

Je me souviens encore de tes regards foudroyants quand, aux alentours de 68, tous nos adolescents portaient les cheveux longs. Tu n'as jamais vraiment digéré les signes unisexes de l'égalité entre hommes et femmes.

Nous nous sommes souvent prises de bec à leur propos. Je détestais les reproches qui commençaient par *« De mon temps... »* Pourtant, tout compte fait, quel charivari il t'a fallu assimiler au cours de ce dernier demi-siècle ! Tout a changé : les gestes, les rythmes, les valeurs, les buts, les comportements. Même les sentiments ont évolué.

Il est bon de se souvenir de ce grand chambardement quand les vieux nous agacent !

IV

L'immense fossé entre nos générations

Mamina ne veut pas d'un téléphone à touches.

Impossible de lui faire admettre qu'il est plus facile de pianoter sur les claviers modernes que d'enfiler son index dans un cadran démodé. Nous avons développé tous les arguments en faveur du changement : les risques d'erreurs, parce qu'il n'est pas toujours commode de viser le bon numéro ; la mini douleur des rhumatismes dans l'index ; la rapidité d'exécution ; la qualité acoustique des combinés fabriqués selon une technologie plus récente, etc., etc. Rien n'y fait. Mamina ne veut pas changer de poste !

Chez nous, quand elle vient en vacances, elle est bien obligée d'utiliser un clavier moderne pour prendre des nouvelles du pays : nous n'en avons pas d'autre. Mais chez elle, non !

Nous avons beau lui expliquer que les nouveaux modèles sont gratuits, qu'il suffit d'aller à l'agence commerciale pour faire l'échange, que nous pouvons nous charger de cette commission, rien à faire. Mamina ne veut pas lâcher son cher vieux téléphone. Elle refuse de chambouler une fois de plus son train-train quotidien. Trop, c'est trop. Respectant son besoin de familiarité avec certains des objets qui l'entourent, nous avons renoncé à la convaincre.

Un semblable cas de refus du progrès technique s'était déjà présenté à propos d'un lave-vaisselle. Dans la maison de famille où elle passait l'été avec sa sœur et son beau-frère — plus de deux cent quarante ans à eux trois —, Mamina assurait depuis toujours la corvée de vaisselle. La vaisselle de trois dans une cuisine plutôt inconfortable, soit. Mais la vaisselle de huit, dix ou douze, quand les hordes de neveux et nièces débarquent le dimanche, non ! Nous avions donc décidé de lui offrir une machine qui lui permettrait d'aller faire la sieste. Mamina refusa avec une énergie farouche (en bonne Savoyarde, l'énergie de Mamina ne peut d'ailleurs être que farouche !). Dans le cas d'espèce, nous n'avons pas cédé, nous avons même accepté de nous faire carrément engueuler quand le plombier est venu, à notre demande, installer l'objet du litige.

Bien évidemment, quelques semaines plus tard, Mamina est venue à Canossa. Force lui a été de reconnaître que ses après-midi de fin de semaine débutaient de façon infiniment plus détendus.

Pourtant, elle ne veut maintenant à aucun prix entendre parler d'un four à micro-ondes...

Les billets dans le corset

Monette, la grand'tante d'un de mes cousins, quant à elle, a des blocages financiers. Impossible de lui faire admettre qu'elle puisse partir en vacances sans emporter sur elle (au vrai sens du terme, puisqu'elle engrange généralement son argent liquide dans son corset et/ou son soutien-gorge !) tous les billets nécessaires à ses dépenses pour les deux mois d'été. Elle n'a jamais tout à fait intégré les chèques dans sa vie quotidienne — dans les faits, souvent ; dans sa tête, pas vraiment — et elle ne veut pas entendre parler d'une carte de crédit. Cet objet la terrifie, ce serait comme de faire entrer le diable dans son porte-monnaie... ou dans son corset. Elle aurait tellement peur de perdre ou d'utiliser de travers ce petit bout de plastique ensorcelé qu'elle n'oserait jamais le tirer de sa très intime cachette.

Donc, Monette parle en anciens francs, paie en coupures, et véhicule en permanence une (toute) petite fortune dans le gros sac à main qui ne la quitte jamais, au risque de la déséquilibrer quand elle marche dans la rue. Là encore, après avoir raisonné *(« Tu as peur des voleurs et tu fais tout ce qu'il faut pour les tenter »)*, tempêté *(« Je ne t'emmène plus te promener si tu continues à transporter un sac qui pèse plus de deux kilos »)*, ironisé *(« Pour ton anniversaire, je vais t'offrir un coffre-fort portatif et un âne pour le charrier »)*, la famille a fait comme pour le téléphone de Mamina : haussé les épaules en constatant qu'on ne peut simplifier malgré eux la vie des vieilles gens.

Il devient de plus en plus difficile, au fil des années, de persuader nos aînés de s'adapter au progrès. Alors qu'ils auraient tout à y gagner dans leurs gestes quotidiens, qu'ils s'épargneraient bien de la fatigue, non, ils bronchent, renâclent et bloquent. Ils en ont marre de devoir se remettre perpétuellement en question, marre d'assister tous les trente-six du mois au changement du décor qui les entoure, marre de se faire retirer la chaise sur laquelle ils sont assis pour la voir remplacer par un modèle plus récent. Ils ne veulent plus courir après un monde qui va trop vite. Ils tiennent à leurs habitudes, même si elles sont petites et démodées, ce sont **leurs** façons d'être et de vivre, ils y sont attachés, ils les garderont jusqu'au bout, quoi qu'on dise.

Ces blocages se manifestent rarement dans tous les domaines à la fois. Chacun, chacune a ses secteurs protégés. Tel grand-père intraitable sur les horaires des repas fera preuve d'une grande tolérance vis-à-vis des flirts et gaudrioles de la jeunesse. Tel autre, à l'inverse, se scandalisera à l'idée que des jeunes non-mariés partagent une chambre sous son toit, mais il sera tout disposé à sortir des sous de sa cassette pour aider sa petite-fille à s'offrir la bagnole de sa liberté.

Les conflits entre les aînés et nous surgissent à l'endroit précis où les idées se pétrifient, rendant tout dialogue impossible. Comment admettre qu'un brave Papa ou une Maman au cœur tendre puisse subitement refuser toute discussion, toute concession, toute modification ? Comment ne pas souffrir à voir ainsi se rétrécir le champ des possibles dans les relations familiales ?

Le terrorisme alimentaire

Les problèmes d'horaires des repas sont sans doute l'un de ces domaines où le fossé entre générations semble le plus infranchissable. Qui dira le cauchemar des vacances partagées et des dimanches en famille quand les uns veulent manger à midi et à sept heures pile (les grands-parents), d'autres acceptent un certain battement en fonction des activités de la journée (les parents), et d'autres enfin ne respectent aucun impératif horaire ni aucune règle de savoir-vivre, mangeant n'importe quoi, n'importe où, à n'importe quel moment (les jeunes) ?

Si l'on ajoute à ce mélange détonant un ou deux enfants en bas âge qui, trois fois par jour, si ce n'est quatre, ont toujours faim avant tout le monde, et plus du tout faim une fois la première bouchée avalée, on se dit que les bébés grognons et les pépés grincheux qui grommellent et ronchonnent pour obtenir de manger à heures fixes obéissent aux mêmes instincts sommaires. Pour se procurer de la nourriture quand ils ont faim, ils terrorisent leur entourage. Nous, la génération-tampon, devons alors nous mettre au service de leurs estomacs impérieux.

La nourriture représente souvent une occasion de terrorisme relationnel entre parents et enfants. Un langage que les adolescentes pratiquent par l'anorexie ou la boulimie, mais que les vieux aussi utilisent sans que nous sachions toujours ce que leurs excès veulent exprimer.

> *« Depuis qu'elle a pris vraiment de l'âge, Maman s'est mise à s'alimenter de façon anarchique. Quand elle est seule chez elle, elle refuse de se faire à manger, s'achète quelques friandises lactées et des biscuits, son régime est totalement déséquilibré par manque de protéines et de légumes. Elle se plaint de*

ses intestins, mais n'admet pas la moindre réflexion sur ses aberrations diététiques.

En revanche, dès qu'elle sort au restaurant avec l'un de nous, se rend dans une autre maison que la sienne, n'a pas besoin de se mettre au fourneau, elle mange comme quatre, au risque de se coller des indigestions. Quand on est à table avec elle, cette boulimie a quelque chose d'oppressant, on se sent mal à l'aise à voir un être humain perdre ainsi le sens de la mesure dans la manifestation d'un de ses instincts de survie. »

Ce récit d'un fils grisonnant recoupe plusieurs témoignages sur les difficultés de cohabitation alimentaire. Elles s'expriment non seulement dans les heures des repas, mais également dans le choix des aliments, leur mode de cuisson, les quantités, les qualités, les goûts, les condiments, la composition des menus.

Toi, Maman, tu battais tous les records de terrorisme alimentaire. Chaque repas partagé avec toi, surtout chez toi, tournait au psychodrame. Tu confondais instinct nourricier et volonté de puissance. Alors que toi-même, tu mangeais de moins en moins, il n'était pas question de faire un régime en ta présence. Comme tu avais fait jadis de nous des bébés trop joufflus aux cellules éternellement adipeuses et gloutonnes (hélas !), tu persistais à croire que la meilleure façon de nous prouver ton amour maternel était de nous gaver !

Tu n'étais certes pas une exception. Toutes les filles se plaignent :

> « *Chaque fois que Maman vient habiter à la maison,* constate Mary, une de mes amies anglaises, *je prends deux kilos en quinze jours. L'après-midi, elle fait des gâteaux, et si je refuse d'y goûter, elle prend son air de martyre. Pour lui faire plaisir, j'engloutis ses monuments de sucre, de beurre, de farine et de chocolat — tout ce qu'on vous déconseille dans les régimes des journaux féminins. Après son départ, je suis obligée de jeûner et de boire des litres d'eau pour retrouver mon poids normal.* »

Ô, vieilles mamans qui lirez peut-être ce livre, laissez-moi développer ici l'énorme contentieux alimentaire que nous, vos enfants adultes, entretenons avec vous ! Quand vous n'avez plus tellement de choses nouvelles ou intéressantes à raconter, quand vous n'êtes plus assez riches pour nous offrir les cadeaux dont vous aimeriez nous combler, il vous reste toujours une ressource : nous suralimenter. Vous chargez vos casseroles de se faire vos interprètes. Au mépris de toutes les règles de la diététique contemporaine, vous nous mijotez, avec tant d'amour, les petits plats de notre jeunesse. Gare à celui qui n'a pas faim :

— *Je t'ai fait un ragoût de mouton, tu aimais tellement ça, et je pense que ta femme n'a pas le temps de t'en cuisiner bien souvent* (et toc pour la belle-fille qui passe huit heures par jour au bureau et qui nourrit son pauvre fils avec des plats surgelés tout préparés !).

— *Oh, c'est délicieux, Maman, merci beaucoup.*

— *Alors, reprends-en un peu, puisque tu aimes ça.*

— *Non merci, Maman, j'ai déjà beaucoup mangé.*

— *Écoute, reprends-en un peu, j'ai passé tout l'après-midi d'hier debout dans la cuisine pour toi. Tu ne peux pas me dire non !*

— *Non, vraiment, je n'ai plus faim.*

— *Tu es malade, alors ?*

Le pauvre cadre surmené à qui son médecin a vivement recommandé de manger légèrement le soir, et surtout pas de plats en sauce, se laisse faire. Au bout de sa fourchette, il enfourne des petits morceaux d'amour maternel. Une bouchée pour Maman, une autre encore pour Maman...

Pourquoi sommes-nous incapables de dire les choses simplement : « *Tu sais, Maman, quand je viens, ce n'est pas pour manger, mais pour te voir. Je serais parfaitement heureux avec une tranche de jambon et une salade. Plus heureux même, car tu ne te serais pas fatiguée à cuisiner debout pendant des heures...»* Simple à dire? Absolument pas: **impossible** à dire! Il est trop tard pour changer de registre; la tranche de jambon risquerait de remettre en cause toutes les certitudes de la vieille Maman.

Les gestes et les idées s'ankylosent

Cette remise en question devient de plus en plus problématique au fur et à mesure que les années s'ajoutent aux années.

Peu à peu, comme les articulations, les attitudes perdent de leur souplesse. Gestes et idées se rigidifient, les uns et les autres cessent de s'adapter aux changements. Le temps arrête les comportements sur image. Vieillir consiste à se laisser ainsi gagner par l'ankylose[1] dans son corps comme dans sa tête.

Ces refus d'adaptation se manifestent dans les domaines les plus variés. Ils sont particulièrement

1. Être atteint d'ankylose: *perdre de sa rapidité de réaction, de mouvement, par suite d'une immobilité prolongée (Petit Robert).* Cette définition me paraît correspondre tout à fait au processus de la sénescence, aussi bien physique qu'intellectuelle.

regrettables quand ils occasionnent des comportements nocifs pour la santé. Les règles de l'hygiène et de la médecine ont tellement changé depuis cinquante ans : comment faire admettre à nos aînés que les vérités médicales d'hier puissent se révéler néfastes pour leur organisme d'aujourd'hui ?

J'en donnerai deux exemples importants et quotidiens : le lit et les talons.

LE LIT. Depuis des siècles, et jusqu'à la moitié du nôtre, les médecins ont couché les malades. Au moindre symptôme inquiétant, on s'alitait en attendant le docteur. Les enfants, les accouchées, les opérés, les fiévreux, les patraques et même les déprimés comptaient sur leur lit pour se reposer, se réchauffer, en un mot : guérir.

Aujourd'hui, à l'inverse, le lit est devenu l'ennemi du bien. Subitement, on l'accuse de tous les maux, toutes nos fonctions se gripperaient dès que notre corps cesserait d'être en mouvement.

La « nouvelle médecine » proclame haut et fort : lève-toi et marche ! Le jour même de votre accouchement : hop, debout ! Le lendemain d'une grosse intervention chirurgicale : debout là-dedans ! Votre enfant a de la fièvre : laissez-le courir dans l'appartement. Un vieillard n'a pas la forme : forcez-le à s'habiller et à prendre ses repas à table.

Le mouvement, c'est la vie !

Il faut souvent beaucoup insister pour que nos aînés mettent cette ordonnance à exécution. Il n'est vraiment pas facile de renoncer à son dodo-anti-bobo quand, durant toute son enfance et sa jeunesse, on a entendu dire qu'il était la panacée universelle.

Pourtant, prescription médicale à l'appui, les vieux patraques finissent par se laisser convaincre, mais, une fois debout, un deuxième blocage se manifeste chez les femmes...

LES TALONS. Tous les médecins rhumatologues affirment que les talons sont une catastrophe pour le dos des femmes. Ils déforment les pieds, déstabilisent la démarche, causent des douleurs aussi bien dans les jambes que dans la colonne vertébrale. Néanmoins, la plupart des vieilles dames refusent de porter des souliers plats[1]. Généralement, elles affirment avec une bonne foi désarmante que leurs pieds sont cambrés et qu'il leur est impossible de se chausser dans ces mocassins qui assurent notre confort. Aussi souffrent-elles souvent mille morts d'être mal chaussées.

Même quand elles ont été obligées de prendre appui sur une canne pour assurer leurs pas, jamais je ne suis arrivée à faire descendre Mamie,

1. Sûrement parce que, jeunes filles, elles ont entendu dire que les talons grandissent les femmes, affinent les jambes et séduisent les hommes.

Dédée ou Mamina de leurs talons[1]. Je me souviens même d'avoir un jour offert à Maman une paire de *Nike* sur coussins d'air, chaussures on ne peut plus confortables pour courir et se promener. Je savais bien qu'elle n'oserait jamais se montrer en famille avec ces « bateaux » aux pieds, mais j'espérais qu'elle les mettrait, comme des pantoufles, pour vaquer dans son appartement. Après sa mort, je les ai retrouvées dans leur boîte dont elles n'étaient jamais sorties.

En définitive, ces agacements matériels importent relativement peu. Avec un brin d'humour et de décontraction, on finit par les surmonter. On regrette simplement, quand on se heurte à leur refus, de ne pouvoir malgré eux améliorer la vie de ses vieux parents.

Le même caractère, en pire

Les vrais conflits sont ailleurs, là où nos inconscients et les leurs ruminent inlassablement des histoires du passé, dans ce jardin secret et refoulé où chacun de nous reste toujours l'enfant de ses parents et le parent de ses enfants.

Quand les digues des convenances et du rai-

1. Pas des talons-aiguilles, à l'évidence, mais quelques centimères suffisent, à cet âge, pour déstabiliser un équilibre fragile.

sonnement, les capacités d'adaptation, la volonté de conciliation, le souci de communication commencent à montrer des signes de faiblesse, le fond de la personnalité remonte à la surface.

J'ai toujours pensé qu'en prenant de la bouteille — surtout si on en prend beaucoup —, certaines qualités se transforment en défauts, et les défauts empirent. La craintive vit terrorisée, le méticuleux se mue en maniaque, l'économe vire au rapiat, la généreuse devient prodigue, le timide joue les misanthropes, la pessimiste déprime, l'optimiste fait preuve d'irresponsabilité. Comme les traits du visage, ceux du caractère se creusent et s'accentuent.

Cette exacerbation des tendances profondes peut être source de peine quand se révèlent subitement chez nos parents des attitudes jusque-là contenues dans les limites de la bienséance.

Tout se passe comme si les cheveux blancs renonçaient un beau jour à faire semblant, comme s'ils oubliaient les règles élémentaires du savoir-vivre. Finie la politesse qui les a contraints toute leur vie à s'intéresser aux autres, ils pensent à eux d'abord, ne feignent plus d'être de bonnes âmes charitables. Certains vieux ressemblent alors aux très jeunes enfants et permettent à leur vraie nature de s'exprimer sans arrière-pensées. Peu leur importe de faire du chagrin autour d'eux en ne se comportant plus avec les mêmes bémols affectifs que par le passé.

Le spectacle de très vieux couples fait parfois frémir. Au bout de quarante ou cinquante ans d'existence commune, ils laissent soudain éclater au grand jour le bouillonnement de leur intimité, ils dressent alors avec une aigreur insoutenable le redoutable bilan de leurs frustrations, de leurs concessions, de leurs agacements accumulés.

Papa et Maman formaient un excellent ménage. Vues de l'extérieur, pour nous les enfants, leurs quarante premières années de vie conjugale avaient paru baigner dans l'huile. Au cours des toutes dernières années, en revanche, ils ont commencé à se chamailler de plus en plus agressivement sur de menus détails matériels. Leur psychodrame s'est alors cristallisé sur le chien de Papa, un petit caniche inoffensif et parfaitement mal élevé par son maître qui lui passait tous ses caprices. Maman ne supportait pas de le voir sauter sur le lit au moment du petit déjeuner. Papa, au contraire, adorait partager son croissant avec lui. Chaque matin, la scène se renouvelait ; chaque jour, le ton montait. Maman tempêtait contre *« TON chien »*, comme tous les parents pestent contre *« TON fils »* ou *« TA fille »* quand leur enfant commun fait des bêtises.

Au début, leurs chamailleries nous faisaient rire. Au bout de quelques années, nous avons évité d'assister à leurs affrontements. Ce n'était plus un spectacle pour enfants, ces enfants que nous restons malgré nous en regardant vieillir nos parents.

Il est des sentiments qu'on redoute de voir s'exprimer : ceux que l'on a passé sa vie à esquiver, parce qu'ils risquaient de faire trop de mal. Tout le monde ne s'allonge pas des années durant sur le divan d'un psychanalyste pour se remettre de sa petite enfance !

Histoire du fils non préféré à plus de soixante ans :

> *« Plus ou moins consciemment, depuis l'enfance, j'ai toujours su que Maman avait un faible pour mon jeune frère. Il était plus sage que moi, plus tendre aussi, sans doute. Fier de l'aîné que j'étais, Papa compensait largement cette préférence. En tant que "grand", il me valorisait en m'emmenant à la chasse avec lui ou en jouant aux échecs avec moi plus volontiers qu'avec mon frère.*
>
> *Notre groupe familial était donc assez harmonieux et je n'ai pas vraiment souffert, à l'époque, de cet état de choses. Ou, si j'en ai souffert, j'ai suffisamment compensé pour me sentir à peu près en équilibre dans mon cœur.*
>
> *En revanche, depuis que Papa est mort et*

que ma mère a beaucoup vieilli, la situation est devenue pénible.

Mon frère étant parti vivre en province, je m'occupe beaucoup plus de Maman que lui. Rien de plus normal. Pourtant, tout se passe comme si ma pauvre Maman m'en voulait. Elle me fait constamment des reproches, me parle de lui avec des trémolos dans la voix, m'explique à quel point elle souffre de son absence et se sent abandonnée. Le coup du "un seul être vous manque...", de temps en temps, ça va bien, mais cette passion — parfaitement injuste, comme toutes les passions — finit par m'exaspérer.

L'autre jour, j'ai explosé, j'ai vidé mon sac. Je lui ai expliqué que j'en avais assez de l'entendre chanter les louanges de ce fils lointain qui ne lui avait pas rendu visite depuis plus de six mois, et que j'aimerais bien qu'elle cesse d'être inutilement désagréable avec moi qui viens la voir régulièrement.

J'ai tout de suite regretté de m'être laissé emporter, mais il était trop tard pour rattraper les paroles qui blessent. Maman a été bouleversée par notre altercation, elle a failli avoir un malaise cardiaque. Surtout, elle n'a rien compris à mon attitude, trouvant cho-

quant qu'un fils puisse ainsi se mettre en colère contre sa vieille mère. »

La mauvaise foi des vieux

Juste colère, mais colère injuste. Il est souvent malaisé de se taire. Le cheveux blancs n'excusent pas tout. Parfois, l'envie vous prend de corriger ces vieux enfants insupportables que sont devenus vos parents. Dans ces moments-là, on les soupçonne de jouer la comédie du grand vieillard pour n'être pas obligés de comprendre ce qu'ils n'ont pas envie d'admettre.

Leur mauvaise foi commence par les oreilles ou les yeux : il n'y a pas plus dur de la feuille qu'un vieux qui ne veut pas entendre, plus bigleux que celui qui ne veut pas voir. Dès lors, on s'interroge : sont-ils aussi loin de nous qu'ils veulent bien le dire, ou font-ils semblant d'être loin pour qu'on les laisse tranquilles ?

On m'a raconté la sublime comédie d'un patriarche dauphinois, renommé localement pour sa fortune et son avarice. Pour célébrer son quatre-vingt-dixième anniversaire, il invite tous ses enfants et petits-enfants dans le salon particulier d'un des meilleurs restaurants de la région. Au dessert, il demande l'addition, qu'il n'arrive pas à déchiffrer dans la pénombre. Son gendre lui précise qu'elle s'élève à quatre mille six cent francs. Le patriarche sort alors de sa poche un billet de cinq mille (anciens) francs et le pose sur la soucoupe avec un ineffable sourire en disant : « Vous garderez la monnaie pour le service... » Il paraît que les enfants n'ont pas osé lui révéler sa méprise et se sont partagés les frais de la fête. Nul n'aurait pu affirmer que le vieux ne l'avait pas fait exprès !

De mauvaise foi, les vieux ? Oui, totalement ! Si nous les forçons à regarder la vérité en face, c'est à nous qu'ils en veulent, pas à la vérité...

Toi, Mamie, comme beaucoup de femmes de ta génération, tu n'as jamais très bien compris le féminisme. Tu croyais dur comme fer que les hommes étaient plus forts, plus intelligents, plus importants que les femmes. Nos diplômes et nos salaires au féminin ne te plaisaient qu'à moitié. Il te semblait parfaitement normal de servir les hommes à table, de tenir leur maison, comme d'accepter leur argent. C'est tout juste si tu ne nous reprochais pas de nous faire aider par nos maris dans les corvées ménagères.

J'étais prête à fermer les yeux sur ton prosélytisme religieux ou ton intolérance politique. Sur le féminisme, certainement parce que j'appartenais moi-même à ce sexe que tu considérais en toute sincérité comme le deuxième, je me rebiffais ! Or, tu n'aimais pas qu'on te charrie sur ta préférence marquée pour les garçons en général, et les tiens en particulier. En vieillissant, ton *machisme* de mère a pris des proportions insoutenables : tu as transféré sur les enfants de tes fils ton admiration pour tes descendants mâles, réservant tous tes trésors d'esprit critique à nos propres enfants à nous, les filles.

Un jour, à la campagne, nous regardons jouer ensemble mon fils Vincent et son cousin du même âge, David, fils de mon frère aîné :

> — *Avoue,* me dis-tu, le regard émerveillé, *avoue que David est vraiment le plus beau des petits garçons...*

J'éclate de rire. Tu te tournes vers moi, souverainement agacée. Ma façon de tout traiter par l'humour t'a toujours laissée désemparée. Tu as toujours cru que je me moquais de toi, alors que c'est de moi que je m'amuse le plus souvent !

> — *Pourquoi ris-tu ? Je ne vois pas ce qu'il y a de drôle dans ce que je viens de dire.*
>
> — *Mais, Mamie, comment veux-tu que je te dise que David est le plus beau des deux, alors que* ***l'autre enfant est mon fils*** *?*

Je ne suis pas sûre que tu aies vraiment compris.

Le manque de relativité affective

Il ne s'agissait, à l'époque, que de signes avant-coureurs du manque total de relativité affective qui caractérise le grand âge.

Plus le temps passe, plus s'exaspèrent les sympathies et antipathies que vous manifestez, vous, les aînés, envers votre entourage. Pour faire preuve d'un peu de philosophie, il vous manque en fait une certaine dose de culture *psy.*

Freud, vous ne connaissez pas ! Toutes ces histoires d'Œdipe, de sexualité, de plaisir et de sur-moi ne vous paraissent pas très convenables. Si bien que vous n'avez pas contracté, comme nous, l'habitude de vous regarder *être* avec un certain sourire.

Quand vous évoquez votre enfance — ce qui vous arrive de plus en plus fréquemment —, c'est sans sacrifier aux nuances, comme notre vague vernis psychanalytique nous a appris à le faire. Vous jugez les personnages de votre saga personnelle de façon manichéenne : il y a les gentils ou les méchants, les mamans ou les marâtres, les papas ou les pères fouettards. De votre temps, la psychologie tournait le dos à la théorie de la relativité, on l'assénait plutôt à grands coups de bien, de mal, de fautes et de pardon, de péchés et d'absolution, de fâcheries à mort et de retours de l'enfant prodigue.

Il est trop tard, désormais, pour vous raconter l'histoire de votre enfance telle qu'elle nous apparaît à travers vos contes de fées. Trop tard pour vous faire admettre que vous pleurez encore aujourd'hui votre Papa, celui qui abandonna votre Maman pour la tromper avec une malhonnête femme. Trop tard pour vous expliquer que si vous n'arrivez pas à adresser la parole à vos interlocuteurs autrement que sur un ton bourru, c'est que votre Papa faisait de même quand vous étiez petits et que vous n'êtes jamais parvenus à communiquer avec lui, à lui exprimer votre tendresse.

Vous n'êtes pas du tout conscients de votre inconscient, de vos complexes, de votre culpabilité encore plus judéo-chrétienne que la nôtre ! Quand vos cheveux commencent à vraiment blanchir, nous avons toutes les peines du monde à nous sentir à l'aise avec ces personnages de fiction que vous vous êtes composés. Pour ne pas déranger votre confort sur l'autre rive de l'infranchissable fossé qui nous sépare, nous nous mettons alors nous-mêmes à vous raconter des histoires...

V

L'inversion des rôles

Un jour, je me suis aperçue que je ne te disais plus la vérité.

A l'évidence, ce n'était pas la première fois que je te mentais. Jeune fille, puis jeune femme plus émancipée que toi, je me protégeais de tes remarques et de tes jugements en travestissant la réalité. A présent, ce n'était plus moi que je souhaitais mettre à l'abri, mais toi. Le monde moderne m'avait soudain paru trop brutal, trop compliqué, trop inquiétant pour quelqu'un de ton âge.

Plus solide, plus proche des réalités, c'était à moi, désormais, de te raconter des histoires. Petits mensonges sans importance, pleins de bonnes intentions, destinés simplement à t'éviter de te faire des cheveux blancs supplémentaires.

Cet écran anti-angoisse se révèle indispensable vis-à-vis des gens de ta génération, car vous avez tous l'inquiétude à fleur de cœur. Fragilisation du système nerveux, moins prêt à relativiser l'anxiété habituelle des parents pour tout ce qui risque de survenir à leurs enfants ; regain de l'angoisse de mort à sentir se rapprocher l'échéance : tous ces motifs logiques ne suffisent pas à expliquer la bile systématique, persécutante, littéralement névrotique que distillent à longueur d'années nos très vieux parents.

Papa adorait une histoire qu'on racontait, avant l'Holocauste, dans le ghetto de Varsovie :

> *« Deux vieux Juifs se rencontrent dans la rue :*
>
> *— Bonjour, comment ça va ?*
>
> *— Bien, très bien, même. Mais ne t'inquiète pas, ça ne va pas durer ! »*

Histoire vraie, hélas ! Les grandes catastrophes historiques que vous avez traversées ont su vous convaincre de son authenticité.

Quelle imagination débordante tu avais, ma pauvre Maman, pour te trouver des sujets d'inquiétude ! Quand les choses allaient à peu près bien dans notre vie quotidienne à tous (ce qui est déjà formidable, quand on songe au nombre de gens qui n'ont pas besoin de s'inventer des soucis graves pour en avoir), tu te rongeais les sangs à propos des menaces de troisième guerre mondiale ou d'affrontements sociaux violents. Combien de fois t'ai-je entendu jouer les Cassandre en constatant : *« Vous ne pouvez pas comprendre, car vous n'avez pas vécu ce que nous avons vécu... »*

Exact. Nous, les cheveux gris, n'avons connu que la Deuxième — déjà pas mal catastrophique, merci ! —, pas la Première. Or — tout au moins en France — c'est apparemment celle-ci, la Grande, qui vous a laissé au cœur les cicatrices les plus profondes. Vous avez tellement tremblé pendant quatre ans pour vos pères, vos oncles et tous les jeunes hommes de la communauté, vous avez perdu au champ d'honneur tant d'êtres aimés, que vous n'avez plus jamais récupéré la bonne humeur du début du siècle ni pu reprendre la vie du bon côté.

Enfants ou adolescents, vous avez connu les « années folles », mais l'insouciance n'a été que de très courte durée pour une poignée de privilégiés, artistes ou fils de famille. Dans l'immense majorité des foyers, les deuils, les bouleversements sociologiques, les ravages économiques de la Première Guerre n'étaient pas encore estompés que la Deuxième menaçait déjà.

Celle-ci a définitivement justifié votre pessimisme, vous avez traversé les Trente Glorieuses la peur au ventre, persuadés que vous ne finiriez pas votre vie dans votre lit, mais dans le big-bang d'un conflit nucléaire.

Ainsi s'explique cette inquiétude maladive qui nous a obligés à vous « materner » pour ne pas vous affoler.

« Fais bien attention à toi »

Surprotectrice et fière de l'être envers son vieux Papa, resté seul depuis que sa mère est morte d'un cancer, Jeanne, assistante sociale, célibataire, analyse devant moi la façon dont, entre eux deux, se sont peu à peu inversés les rôles :

> *« Un beau jour, je me suis rendu compte que je ne pouvais plus compter sur mes parents pour m'aider à faire face à mes difficultés. Plus ou moins consciemment, n'ayant pas le courage d'assumer leurs angoisses en plus des miennes, j'ai pris l'habitude de leur cacher mes ennuis. Au lieu de me remonter le moral, ils m'accablaient de leur propre désarroi. Ma franchise leur faisait plus de mal que de bien. J'ai préféré ne plus être consolée plutôt que de risquer de les bouleverser.*
>
> *Au stade suivant, il m'a fallu devancer leurs inquiétudes, désamorcer les occasions de soucis. La voiture et les voyages furent les premiers secteurs "top secret". Pour éviter qu'ils ne m'imaginent systématiquement broyée par un poids lourd ou à bord d'un avion en feu, j'ai résolu de ne plus les tenir informés de mes déplacements. Quand je*

descends en week-end voir Papa, je triche d'une heure au minimum sur mon horaire de départ ; de cette façon, j'arrive avant même qu'il ne commence à m'attendre. Le lundi matin, quand je repars, Papa m'accompagne jusqu'à la porte pour me dire au revoir. Chaque fois, il insiste : "Sois prudente, fais bien attention à toi..." Comme si j'avais encore cinq ans et que je partais pour l'école !

Pourtant, depuis longtemps, c'est moi qui suis devenue le parent, moi qui le traite comme un enfant qu'il faut protéger. Cet imbroglio des rôles complique prodigieusement nos rapports avec nos vieux parents. Sommes-nous encore leurs enfants ou désormais un peu leurs parents ? Sont-ils toujours nos parents ou dorénavant un peu nos enfants ? »

Les deux à la fois, bien sûr. D'où l'embrouille pernicieuse de nos relations.

Devenir le parent de ses parents est une contorsion affective bien étrange. Il faut faire preuve tout à la fois d'humilité, pour qu'ils nous pardonnent de leur venir en aide, et de fermeté, pour qu'ils nous autorisent à nous compliquer la vie dans le but de simplifier la leur. Dès que nous prenons l'air un tant soit peu directif, leur amour-propre se rebiffe.

Plus tu as eu besoin de moi, Mamie, plus tu m'en as voulu de cette dépendance. J'ai retrouvé en toi les révoltes injustes de mes enfants quand ils se prenaient pour des grandes personnes sans avoir les moyens de leur liberté.

« Je n'ai pas d'ordres à recevoir de toi ! » m'as-tu déclaré dans un moment d'exaspération, un jour que je te priais de ne plus prendre le volant, ta vision et tes réflexes te mettant — mettant surtout les inconnus qui partageaient les chaussées avec toi — en grand danger. Pourtant, tu n'étais plus vraiment en état de décider par toi-même, puisque tu étais prête à faire passer ton autonomie avant ta sécurité. Une fois de plus, un mensonge a servi d'alibi. Ta voiture a prétendûment nécessité une ample révision — de fait, la pauvre vieille avait beaucoup souffert entre tes mains — et elle n'est jamais ressortie du garage. L'énorme subterfuge ne t'a sans doute pas échappé, mais il t'a permis de sauver la face. Que moi, ta fille, puisse t'interdire ou t'autoriser quoi que ce soit, te paraissait intolérable.

Cette susceptibilité n'a cessé de s'exacerber, en particulier dans le domaine de l'argent. Comment se fait-il que tu aies accepté toute ta vie, sans problèmes, de te faire entretenir par ton mari, et que tu aies pu te vexer de chaque franc donné par tes enfants ? Nous avons été contraints à des ruses de Sioux pour compléter tes fins de mois, te laissant croire pendant des années que le petit capital laissé par Papa couvrait largement ton budget, ce qui était financièrement archifaux. Il aurait suffi que tu surveilles un peu attentivement tes comptes pour t'en apercevoir.

Je n'ai jamais su si tu acceptais cet état de chose par irresponsabilité, ayant perdu le contact avec le véritable coût de la vie, ou si tu feignais simplement de ne rien savoir pour faire bonne figure.

Le complexe de Monsieur Perrichon

Pour consoler les gens qui trouveraient cette situation par trop injuste — se faire rabrouer quand on rend gentiment service n'a jamais été la tasse de thé de personne ! —, je signale que la grogne des aînés n'est pas réservée aux secouristes consanguins. Certaines personnes du troisième et surtout du quatrième âge souffrent du complexe de Monsieur Perrichon[1] vis-à-vis de tous ceux qui se mettent à leur disposition.

Une bénévole dans un organisme d'aide aux personnes âgées raconte :

1. Monsieur Perrichon, le célèbre « voyageur » de Labiche, en veut à tous ceux qui lui sont venus en aide parce qu'ils l'ont connu dans une situation humiliante, alors qu'il adore les gens qu'il a aidés et vis-à-vis desquels il fait figure de bienfaiteur !

« Nous sommes obligés de remonter régulièrement le moral de nos visiteuses à domicile. Elles se chargent de faire les petites commissions des personnes dépendantes qui ne peuvent plus sortir de chez elles. C'est à peine croyable, mais elles se font souvent "engueuler" : parce qu'elles n'ont pas trouvé la bonne marque de yaourts... les pommes qu'elles ont choisies sont trop ridées... la baguette n'est pas assez cuite... elles ont payé trop cher une salade à demi fanée...

Je vous assure qu'il faut un solide sens de l'humour pour supporter ces rebuffades et comprendre qu'elles sont simplement un aveu de faiblesse... Dans les séminaires de formation de nos bénévoles, c'est souvent ce qui apparaît comme étant le plus mal supporté... »

De nouveau, l'envie me prend de comparer ces attitudes à des enfantillages. Comme les enfants, les aînés n'aiment pas qu'on les aide à accomplir les gestes simples de la vie. Chaque appel au secours marque une étape de leur dépendance, ils souffrent de sentir se rétrécir le champ de leurs possibles. Comme ils ont peur, ils aboient. Les enfants aussi donnent de la voix quand ils veulent qu'on les respecte en tant qu'individus autonomes.

Les pauvres petites vieilles, murées dans leur silence, que l'on croise parfois dans les couloirs des hôpitaux, sont bien plus inquiétantes que celles qui savent encore se mettre en colère. La grogne est souvent preuve de vivacité.

Le président du patronat me confie :

> *« Depuis toujours, j'ai téléphoné à mon père plusieurs fois par semaine. Plusieurs fois par semaine, il me tire les oreilles comme à un gamin, me reproche de ne rien comprendre à la politique, de mener ma carrière comme un enfant de chœur, de perdre mon temps. L'autre matin, je l'ai appelé, il était tout gentil, doux comme un agneau. Immédiatement, je me suis inquiété et lui ai demandé s'il était souffrant. Il avait effectivement un début de grippe. Le jour où il ne me dira plus de choses désagréables, je crois que ce sera le commencement de sa vraie vieillesse. »*

Son père a plus de quatre-vingt-dix ans !

D'ailleurs, l'âge ne veut plus rien dire. A nombre d'années égal, les variations de comportement, d'autonomie, de prise de responsabilités selon les individus sont proprement inouïes. Certains entrent dans la vieillesse avec délectation, dès la retraite ; d'autres courent encore pour fuir le grand âge, quand la mort déjà les rattrape. Le

Dr Eimar Helander, chargé des programmes des personnes âgées à l'Organisation mondiale de la santé, affirme : « *Dans les pays développés, on n'est plus un vieillard à soixante-quinze ans, mais à quatre-vingt-cinq ans*[1]. »

Quatre-vingt-cinq ans, soit ! Voilà dix ans de gagnés sur le quatrième âge en l'espace d'un quart de siècle. Pourtant, je connais encore des plus de quatre-vingt-cinq ans qui vivent en autarcie matérielle et intellectuelle. Quelle fantastique leçon avait donnée Georges Dumézil à la France entière dans son dernier entretien avec Bernard Pivot, quelques mois avant sa mort à quatre-vingt-huit ans. Comme celui-ci s'émerveillait de sa « jeunesse » intellectuelle et même physique, Dumézil lui répondit :

> « *Non, non, je vieillis. J'ai des trous de mémoire. Tenez, l'autre jour, je n'arrivais plus à trouver un mot courant de turc ancien, il m'a fallu au moins cinq minutes avant qu'il ne me revienne...* »

Quant à Antoine Pinay, ancien Président du Conseil, présent sur le même plateau de télévision[2] à **quatre-vingt-dix-huit ans** (!), il a donné à ceux qui l'ont regardé la certitude qu'une « nou-

1. *Le Figaro*, 5 décembre 1989.
2. Apostrophes, 2 février 1990.

velle » race de grands aînés nous traçait la voie. Présent, précis, percutant, le presque centenaire était la démonstration vivante de la relativité du vieillissement. N'y aurait-il aucune justice, aucune égalité physiologique entre les êtres humains ? Non, absolument aucune. Cette loterie-là est un scandale ! Notre marge de résistance à l'usure du temps existe, mais elle est plus ou moins faible.

Il suffit simplement de participer à un banquet d'anciens/ciennes d'une même école pour rester médusé par les disparités d'apparence et de comportement entre natifs/ives d'un même millésime. Avez-vous jamais assisté au départ d'un cross du *Figaro* où les « vieilles pointes[1] » courent par tranches d'âge légal, de cinq ans en cinq ans ? Certains *quinquas* ont l'air d'être les fils des autres.

Sans fixer de limites précises, ni inférieures, ni supérieures, il faut simplement admettre que la vieillesse commence dès que la dépendance s'instaure. Quand les gestes les plus nécessaires et les plus simples de la vie quotidienne posent problème, soit parce qu'on ne peut plus physiquement les accomplir (porter des paquets trop lourds, monter des escaliers, se promener seul

1. On appelle « vieilles pointes » tous les participants de plus de cinquante-quatre ans, les quarante-cinq/cinquante-quatre ans étant des « vétérans ». Les organisateurs utilisent un vocabulaire sans pitié !

dans la rue, exécuter les tâches ménagères, etc.), soit parce qu'on ne se sent plus l'énergie ou les capacités de les entreprendre (démarches auprès des administrations, de la Sécurité sociale ou des caisses de retraite, relations avec les fournisseurs, vérification des relevés de banques ou de chèques postaux, etc.). Les tracas inhérents à la vie moderne paraissant de plus en plus insurmontables, il devient compliqué, puis difficile, enfin impossible de se passer d'aide.

Il s'agit souvent d'un processus très lent, qui s'étale sur beaucoup d'années, dont on a tout intérêt, de part et d'autre, à retarder le déroulement.

Parlons net : la vie durant de plus en plus longtemps, il faut prendre garde à ne pas prolonger démesurément la vieillesse en la faisant commencer trop tôt. Plus nos parents restent maîtres de leur destinée, plus les chances d'entretenir avec eux des relations satisfaisantes augmentent.

Ne pas déresponsabiliser trop tôt

Certaines pertes d'autonomie sont inévitables : toutes celles liées à une dégénérescence physique. D'autres peuvent être retardées. L'entourage doit alors assumer le risque de quelques erreurs pour ne pas déresponsabiliser trop tôt. Les hommes savent, paraît-il, mieux que les femmes ne pas se mêler de ce qui ne les regarde pas encore dans la vie de leurs petits parents. Les grandes filles se comportent souvent de façon trop protectrice. Elles brûlent les étapes pour ne pas risquer d'avoir à se faire des reproches si quelque accident survenait par négligence.

Dans un foyer-résidence de la région rémoise, la directrice reçoit les confidences de ses cent vingt locataires de soixante-dix à quatre-vingt-quinze ans. Elle insiste :

> *« Plus on fait de choses par soi-même, plus on conserve longtemps sa tête et ses jambes. Soulager les personnes âgées de leurs tâches et de leurs responsabilités n'est pas toujours leur rendre service. Jusqu'au jour où elles demandent elles-mêmes à être aidées, nous les encourageons à se prendre en charge, à faire leurs courses quotidiennes, à manger chez elles plutôt qu'à la salle à manger collective, à s'occuper de leurs démarches administratives ou de la gestion de leur budget. Les enfants qui maternent trop leurs vieux parents ont tort. Ils s'habituent vite à se laisser porter par les autres, et ça n'est pas bon pour leur moral. »*

Une infirmière libérale renchérit :

> *« Il est parfois difficile de ne pas les aider à descendre un escalier, à se lever d'un divan ou d'un fauteuil trop profond. Pourtant, il faut résister à la tenattion de devenir leur béquille, pour stimuler leur autonomie. J'attends toujours qu'ils me demandent de l'aide avant d'intervenir. »*

Mamina m'a tancé vertement un jour où je lui offrais mon bras pour nous promener dans la rue :

> *« Non, non, je ne veux pas que vous m'aidiez. Je dois me débrouiller seule avec ma canne. Sinon, comment ferai-je quand vous ne serez plus là ?... »*

C'est elle qui avait raison.

Pas toujours facile de trouver la bonne mesure entre l'irresponsabilité et la surprotection. La voiture est un exemple-type de ces ajustements malaisés. A quel moment faut-il intervenir pour faire stopper la conduite en état de vieillesse ? Conseiller à son père ou à sa mère de lâcher le volant et de remiser leur voiture au garage, au moment même où ils en ont physiquement le plus besoin, équivaut parfois à limiter dramatiquement leur indépendance. Beaucoup d'aînés considèrent qu'il s'agit pour eux du commencement de la fin. D'un autre côté, respecter leur liberté de circulation ne revient-il pas à faire preuve d'incivisme grave, voire de non-assistance à personne en danger ?

A chacun de trouver au jour le jour, au cas par cas, la moins mauvaise réponse.

Mamina et son fils établissent un assez juste équilibre entre le coup de main utile et la prise en charge débilitante. Elle garde la haute main sur tous les actes de sa vie personnelle, surveille ses comptes, règle ses factures, assure, avec l'aide d'une femme de ménage, deux heures par semaine, l'entretien de sa maison. Mais elle sait qu'elle peut appeler au secours dès que les choses deviennent trop ardues. Depuis longtemps, elle ne touche plus une feuille de déclaration d'impôts, ne s'occupe guère de ses déplacements, ne répond plus à une lettre administrative un peu compliquée sans l'aval de son grand garçon.

Mamina a l'intelligence de ne pas se vexer quand elle doit appeler au secours. Elle ne met pas son point d'honneur à faire seule et difficilement ce que nous pouvons l'aider à faire plus vite et plus simplement.

L'éloignement géographique n'est pas étranger à cette indépendance maminesque. Nécessité fait loi : habitant à six cents kilomètres de chez nous, elle est contrainte de se prendre en charge presque complètement. Si nous habitions au coin de la rue, nous pourrions certainement lui venir en aide plus souvent, mais je ne suis pas convaincue que ce serait forcément bénéfique pour elle. D'ailleurs, quand elle passe plusieurs semaines à la maison ou chez sa fille, Mamina finit par s'ennuyer de ne plus rien décider, de n'avoir plus aucun souci.

La cohabitation n'est pas une solution

Plus je regarde vivre les différentes générations autour de moi, plus je suis persuadée que la cohabitation est source de tous les conflits. Les rapports entre nos grands enfants et nous s'améliorent dès que nous n'habitons plus sous le même toit. Les relations avec nos petits parents se détériorent dès que nous partageons la même maison.

La coexistence entre générations ne peut être pacifique qu'à condition d'être sporadique. Aux différents âges, les modes de vie, les habitudes sont trop hétérogènes pour être conciliables. Mieux vaut la solitude que la promiscuité.

Jugement sans nuances qui pourra étonner, venant d'une personne plutôt compréhensive ou qui a la réputation de l'être. En effet, je profère envers la cohabitation une opinion tranchée. Les donneurs de leçons de solidarité familiale m'agacent quand ils sous-entendent qu'il est criminel de ne pas héberger ses vieux parents.

Un soir de novembre 1989, à la télévision, au cours d'un magazine consacré à la solitude, nous avons eu droit à la complainte désormais classique de la pauvre mémé abandonnée par ses vilains enfants qui avaient repris la ferme et l'avaient reléguée dans un logement exigu, « loin des yeux, loin du cœur ». Que ne ferait-on pas pour faire pleurer Margot et monter l'Audimat ?

La dite dame, très proprette dans sa blouse-tablier, racontait son histoire dans un logement de construction récente, en rez-de-chaussée, avec jardinet ensoleillé juste devant sa porte-fenêtre. Elle vivait dans ses meubles, avec tout le confort. Seule... mais libre !

Franchement, je ne vois pas ce que son sort avait de scandaleux. Je me suis même dit qu'elle avait bien de la chance de pouvoir mener sa petite vie pénarde plutôt que d'être restée à la ferme, dans des conditions probablement moins douillettes. Une vieille ferme bretonne où elle aurait été obligée de donner un coup de main au poulailler et de céder la grande chambre à sa bru.

Moi, quand je serai vieille, je n'ai aucune envie d'une chambre chez un de mes enfants. Je préfère un petit chez-moi qu'un petit chez-les-autres !

Notre culture est pétrie d'individualisme, nous

ne sommes ni des Japonais ni des Africains pour partager des maisons de papier ou des cases avec l'ensemble de notre tribu !

En voyage en Côte-d'Ivoire au moment où ce livre était déjà en préparation, j'ai abordé à plusieurs reprises ce sujet des vieux parents dans la civilisation africaine. Chacun de mes interlocuteurs me fit sèchement remarquer qu'aux yeux des Africains, l'attitude des Occidentaux, qui « abandonnent » leurs aînés dans des résidences du troisième âge ou des maisons de retraite, paraît proprement scandaleuse :

> *« Personne chez nous ne songerait à laisser vieillir et mourir ses parents ailleurs que dans sa maison. Chez nous, ce n'est pas seulement un devoir, mais un plaisir de veiller sur les aînés. Plus ils sont vieux, plus nous nous sentons valorisés socialement. Leur grand âge est la preuve de notre piété filiale. Ce que nous faisons pour eux, nos enfants nous le rendront à leur tour.*
>
> *Un dicton ivoirien affirme : "Prends bien soin de tes parents quand ils n'auront plus de dents, car tu dois songer que les tiennes tomberont aussi." »*

D'accord, mais prendre soin ne veut pas forcément dire prendre avec soi ! Aucun couple normalement constitué ne peut résister longtemps à la présence d'un vieillard au foyer. Tous les témoignages que j'ai pu recueillir à ce sujet concordent : en acceptant la cohabitation avec un vieux parent, on met en péril son ménage et même ses enfants.

> *« Notre vie était devenue un cauchemar Nous n'invitions plus personne à la maison, nous n'osions plus sortir en la laissant seule Les enfants faisaient trop de bruit, les repas étaient trop longs, elle se levait la nuit et rôdait lamentablement dans la maison. Nous partions au bureau le matin plus fatigués que nous ne nous étions couchés. Nous avions de plus en plus de mal à trouver quelqu'un qui puisse rester auprès d'elle pendant la journée, et il devenait impossible de la laisser seule, fût-ce quelques heures. Elle poussait de longs soupirs, des sortes de gémissements qui empoisonnaient l'atmosphère. Nous avions fini par avoir presque honte de rire devant elle... Quand la maladie a pris une tournure dramatique, nous avons été absolument contraints de trouver une solution... »*

Il faut avoir entendu les confidences de cette fille, dont la mère adorée a développé les symptômes de la terrible maladie d'Alzheimer, pour comprendre le martyre des grands enfants quand leurs parents perdent vraiment l'esprit. Nul ne peut juger qui ne l'a pas vécu ; nul ne peut leur en vouloir de les placer dans un établissement spécialisé.

Sans aller jusqu'à ces cas extrêmes, je déconseillerais la cohabitation même dans une grande maison, même avec beaucoup de tendresse entre les générations, même si la solution semble financièrement préférable. La raison essentielle de ce refus sonne comme une lapalissade : dans un couple, les parents de l'un ne sont pas les parents de l'autre. Or, la patience obéit à la loi du sang.

N'ayant que des fils, je croyais mon attitude très caractéristique d'une mère de garçons. Les confidences des mères de filles ont renforcé ma conviction. Quel que soit le sexe de l'un et de l'autre, il est extrêmement difficile d'imposer l'un de ses parents à son conjoint. De plus, comme nous sommes tous appelés à garder longtemps nos parents, comment choisir lesquels seront dignes d'être recueillis ? Les tiens ou les miens ? On imagine d'ici les conflits sous-jacents ou ouverts que de tels choix engendreraient.

Les seuls exemples réussis de cohabitation entre parents et enfants adultes concernent les femmes célibataires ou les familles monoparentales. L'aînée trouve tout naturellement sa place en jouant auprès de son enfant sans conjoint le rôle de gardienne du foyer ; une relation d'intimité peut alors s'établir sans gêner personne. S'il y a un ou des enfants, la grand-mère peut s'en occuper pendant que le père (ou la mère) travaille à l'extérieur pour gagner l'argent du foyer. Néanmoins, ces regroupements familiaux à deux ou trois générations empêchent souvent le jeune adulte qui se love dans ce cocon de tendresse maternelle de refaire sa vie.

Le chantage au dernier soupir

Certaines vieilles mamans font parfois preuve d'un égocentrisme scandaleux pour récupérer une toute dernière fois leur cher enfant grisonnant.

Claude et Jacques devraient être des gens heureux. Tous deux retraités — elle était professeur, lui cadre dans une entreprise de transports —, ils pourraient couler des jours tranquilles sans gros soucis matériels. Leurs enfants sont autonomes, ils ont devant eux au moins dix ou quinze ans de liberté et de grand-paternité/maternité active. Rencontrant récemment Claude, je m'enquiers de sa nouvelle vie de « jeune » retraitée.

— *Ma pauvre, une catastrophe ! Depuis deux ans qu'il a pris sa retraite, Jacques et moi ne vivons pour ainsi dire plus ensemble...*

J'imagine une histoire de démon de midi, ou quelque incapacité à se supporter vingt-quatre heures sur vingt-quatre dans un huis clos dont les couples bi-actifs n'ont guère pris l'habitude.

— *Non, non, mon mari ne me trompe pas avec une jeunesse ; je ne m'en suis pas non plus débarrassée pour ne pas l'avoir toute la journée dans mes jambes ! Il m'arrive quelque chose d'incroyable, que je n'avais même pas imaginé : Jacques est tout simplement retourné chez sa mère !*

A plus de soixante ans, il a décidé d'obéir à son Œdipe de fils unique. Ma belle-mère de quatre-vingt-onze ans habite seule en pays de Loire, et lui fait le chantage au dernier soupir. Lui ne supporte pas l'idée qu'elle pourrait mourir sans qu'il soit là. Si bien qu'il vit auprès d'elle trois semaines par mois. Il ne me rejoint à Paris qu'une journée de temps en temps, pour voir nos enfants et petits-enfants.

Ajoutez à cela que ma propre mère, une jeunesse de quatre-vingt-cinq ans, réside dans le Midi où je vais la voir au moins une fois par mois, et vous comprendrez pourquoi, depuis bientôt deux ans, nous vivons une sorte d'enfer pavé de toutes les bonnes intentions de l'amour filial ! Quand je me révolte,

Jacques ne comprend pas. Pour lui, sa mère va bientôt mourir et il sera toujours temps de nous retrouver après...

Pauvre Claude. Je n'ai pas osé lui dire que sa drôle de vie pouvait se prolonger encore pas mal d'années. Pourtant, cette notion de durée devient tout à fait essentielle dans nos relations avec nos aînés. Il faut aménager leur vie comme si chacun/cune devait vivre jusqu'à cent ans !

On leur doit certes aide, assistance et respect, mais il ne faut pas pour autant les laisser abuser de la situation. De temps à autre, sans dramatiser, quelques reproches bien motivés et constructifs permettent de mettre les choses au point...

VI

Quelques reproches constructifs

Sais-tu, Maman, ce qu'il y avait de plus difficile entre nous ? C'était de **parler**.

De **parler**, pas de bavarder pour ne rien dire...

ni d'échanger des informations sur le temps qu'il a fait, qu'il fait ou fera...

ni de rouspéter de concert contre la chèreté de la vie ou l'incurie du gouvernement...

ni de médire sur une voisine ou une cousine...

ni de critiquer les absents ou, au contraire, d'exalter leurs vertus, parce qu'on oublie les qualités comme les défauts de ceux qu'on voit rarement...

ni de raconter les malheurs des autres sans oser aborder nos propres chagrins...

ni de soupirer sur le bon vieux temps, les valeurs perdues, le manque de moralité des jeunes générations...

ni d'évoquer toujours les mêmes souvenirs plus ou moins revus et corrigés pour coller avec l'idée que tu voulais donner de ton passé...

ni de gémir sur tes douleurs, tes insomnies, ton manque d'appétit...

ni d'invoquer la mort prochaine !

Toutes ces paroles, nous les avons ressassées pendant des heures, les dernières années de ta vie. Dialogue souvent pesant et répétitif. Je t'écoutais d'ailleurs d'une oreille distraite en me demandant si je ne devais pas te faire remarquer les bégaiements de ta mémoire, pour te contraindre à ne pas radoter, ou s'il était plus gentil de te laisser raconter indéfiniment les mêmes souvenirs d'enfance, les mêmes anecdotes de ta jeunesse, les mêmes bons mots de tes parents, les mêmes drames qui t'avaient marquée !

Plus tu as pris de l'âge, plus tu es retournée loin dans ton propre temps. On dit parfois que les grands aînés « retombent » en enfance ; à mon avis, ils y « remontent » plutôt. On est toujours étonné de la précision avec laquelle ils évoquent certains événements, vieux de soixante-dix ou quatre-vingts ans, comme s'ils s'étaient déroulés la veille. Se réjouissant de scènes de bonheur jaunies, souffrant encore de très lointains chagrins...

Dédée, ces dernières années, escalade de plus en plus haut l'échelle de ses réminiscences.

L'été dernier, un jeune homme, collectionneur de cartes postales anciennes, lui en a apporté une centaine montrant notre village au début du siècle. Pendant deux heures, Dédée s'est remémorée à voix haute les paysages et les gestes de son enfance. Elle ne nous racontait pas, elle *revivait* devant nous. Elle entendait les rires des gamins sur la plage, la voix de son père lui interdisant de se baigner avant le 14 juillet parce que l'eau de la Manche est trop froide ; elle disait Maman en parlant de sa mère avec des accents de petite fille, elle sentait battre son cœur derrière la fenêtre de l'hôtel des Frégates en voyant passer celui qui serait un jour son fiancé. Sa voix sonnait claire, elle avait les pommettes en feu, les yeux brillants d'une gamine. Le soir, elle a été très fatiguée, ce voyage aux sources d'elle-même avait dû l'épuiser.

Les « cases » volontairement laissées vides

La plupart des aînés parlent ainsi volontiers de leur passé lointain ; très peu acceptent de réellement **communiquer**, d'exprimer leurs craintes et leurs espoirs, de remettre en question leurs jugements, de révéler le fond de leur pensée devant témoin. Mutisme presque systématique quand le témoin est un de leurs enfants.

Pourtant, nous les cheveux gris et vous les cheveux blancs aurions tant de choses à nous dire, si nous osions seulement tomber les masques ! En général, les grands enfants prennent trop tard conscience du caractère illusoire de ces fausses confidences, après la mort des aînés. Ceux-ci emportent avec eux les raisons de leurs silences.

N'étant pas particulièrement torturée de nature, je ne m'interroge pas jour et nuit sur les « cases » que tu as volontairement laissées vides dans ton passé — et le mien. J'aurais néanmoins préféré en savoir plus, pour nous comprendre mieux, toi et moi.

A un moment donné, aux alentours de tes quatre-vingts ans, la discussion est devenue tout à fait impossible. Tu t'es comme figée dans ton propre personnage, refusant absolument de modifier en quoi que ce soit tes certitudes ou tes refus. La discussion, qui n'était déjà pas facile, s'est trouvée définitivement close.

Je sais bien que nous vivons tous avec les mots (et les maux) de notre enfance. Dans la tienne et la mienne, les gosses parlaient peu, les grandes personnes s'employaient plus à les faire taire qu'à les inciter à s'exprimer. Il t'en était resté une sorte de défiance vis-à-vis des mots *(« Allons, tout ça c'est des mots... », « Pas de mots, des actes... », « Les paroles s'envolent, les écrits restent... »).* Dès qu'une réalité te déplaisait, tu la passais sous silence, quitte à réinventer ensuite *ta* vérité avec une mauvaise foi d'une sincérité désarmante.

De mon côté, bien qu'inconditionnelle des techniques de communication moderne, j'avais peur de te déstabiliser en te faisant remarquer que je m'étais depuis longtemps rendu compte que ton roi — ou plutôt ton moi — était nu ! Avec ta conception terrifiante de la femme parfaite, bonne mère, bonne épouse, toujours prête à se sacrifier pour sauvegarder sa Famille (avec un grand F, comme le A dans Amour !), il aurait été impensable et impossible de te faire admettre que je puisse, **moi**, ta fille, t'aimer avec tes défauts ! Peut-être même te préférer un peu moins exemplaire !

Tu me vois, te disant des choses pareilles dans un élan de sincérité ? Autant te conseiller une psychothérapie à quatre-vingts ans !

Les regrets des presque vieux enfants

Voilà pourquoi, n'ayant pas osé t'adresser quelques reproches de vive voix, je vais me contenter d'en dresser une liste posthume. Peut-être serviront-ils de base de discussion à d'autres cellules familiales, peut-être permettront-ils à ma génération de ne pas raccrocher trop tôt en coupant la communication avec son entourage.

En recueillant les confidences d'autres presque vieux enfants comme moi, qui n'ont pas toujours le courage d'avouer ce qu'ils pensent à Papa-Maman, alors même qu'ils reprochent à leurs propres enfants de ne pas tout leur dire, j'ai entendu de toutes parts fuser des regrets identiques :

1) Pourquoi, chers vieux parents, essayez-vous toujours de nous culpabiliser et de nous faire chanter ?

Franchement, rien ne sert d'en rajouter, nous sommes déjà suffisamment mal à l'aise vis-à-vis de tous les membres de notre parentèle. Côté mauvaise conscience, nous avons eu, depuis quarante ans, plus que notre dose. Surtout nous, les femmes, écartelées entre nos obligations professionnelles et nos responsabilités familiales.

Nos enfants, leurs éducateurs, et vous, leurs grands-parents, vous êtes coalisés pour nous bourreler de remords en nous rappelant jour et nuit à nos devoirs de mères. Pendant toute notre jeunesse de femmes actives, vous nous avez reproché, à mots plus ou moins couverts (dans ton cas, à mots franchement pas couverts du tout !), de sacrifier ces pauvres petits à nos emplois du temps surchargés et à nos budgets de consommatrices insatiables.

Histoire de nous culpabiliser davantage, nos

maris nous ont également joué la comédie de l'abandon quand nous avons mené nos carrières au lieu de veiller exclusivement sur les leurs. Pères de nos enfants, ils ont dénoncé la paille dans notre œil maternel sans s'offusquer de la poutre qui aveuglait leur regard de pères. Oui, pendant des années, toutes les catastrophes conjugales, affectives et éducatives de la société contemporaine nous ont été imputées.

A ta génération, vous vous posiez presque toutes en victimes ; à la mienne, nous nous sommes plutôt senties coupables.

Maintenant que les enfants sont grands — ils n'ont d'ailleurs pas tous mal tourné ! —, nous pourrions profiter d'une sérénité bien gagnée. C'est le moment que vous choisissez, vous, nos parents, pour prendre le relais des reproches et des sous-entendus.

Ah, ce regard angoissé que vous nous jetez quand nous vous quittons après un moment passé ensemble, comme s'il s'agissait chaque fois de la dernière vision que vous emporterez de nous dans la tombe ! Et ces phrases anodines lâchées d'une voix plaintive : *« Quand reviens-tu ? », « Tu me téléphoneras demain ? N'oublie pas ! », « Tu sais, dès que tu t'en vas, je n'ai plus envie de rien... »*

Un jour, je me suis presque fâchée avec Dédée :

je venais de passer un long moment chez elle, nous avions bavardé gaiement, elle avait l'air contente. En me raccompagnant jusqu'à la porte d'entrée, voici qu'elle me déclare sur un ton de lamentation : *« Viens me voir* de temps en temps... ! *Ta présence me fait tellement plaisir, je suis si seule !... »* De temps en temps ! Il ne se passe pas de semaine sans que nous nous voyions ! C'était à vous décourager d'attraper une contravention pour sauter l'embrasser en laissant la voiture en infraction !

S'il vous plaît, apprenez à exprimer votre plaisir de nous voir, pas seulement vos craintes de ne pas nous revoir. Dès que nous apparaissons, vous commencez à vous demander ce qui se passera quand nous partirons. Vous en arrivez à vous autogâcher le temps que nous passons ensemble. Profitez de nous ici et maintenant. Puisque nous sommes de braves enfants, présents aujourd'hui, vous avez toutes chances de nous revoir !

Vous n'avez plus besoin de nous gronder pour nous faire obéir, il n'est plus nécessaire de nous menacer pour obtenir ce que vous désirez. Grâce aux *psy* contemporains, on a découvert que la tendresse est un moteur bien plus efficace que la culpabilité dans les rapports humains. Essayez cette reconversion, je vous garantis le résultat.

2) Pourquoi nous racontez-vous toujours les histoires des autres membres de la famille au lieu de vous intéresser en priorité aux nôtres ?

Les petites-filles de cette Mamie-ci en ont marre. Chaque fois qu'elles rendent visite à leur grand-mère, elles ont droit aux nouvelles de toutes leurs cousines. Sans parler des grands-oncles, des filleules et de la belle-sœur de leur tante qui a tant de malheurs. Franchement, elles ne viennent pas pour être tenues au courant de toutes les vicissitudes, difficultés et peines d'une famille dispersée. Elles préféreraient de beaucoup que leur grand-mère s'intéresse à leurs études, à leurs amours, à leurs vacances, à leurs idées sur la vie.

Cette prédilection pour l'anthologie de nouvelles — surtout si elles sont mauvaises — se retrouve chez presque tous les aînés. Ils se croient obligés d'être les chantres d'un groupe familial depuis longtemps éparpillé. Cette manie agace terriblement les jeunes qui prennent ces interminables récits pour un manque d'intérêt à leur égard, voire comme une façon indirecte de faire des comparaisons en leur défaveur.

« Ta cousine travaille très bien dans son nouveau collège, elle va certainement passer dans la classe supérieure », a toutes les chances d'être

entendu comme : « *Ta cousine travaille mieux que toi. Elle est dans une école libre, ce que je trouve personnellement préférable au lycée où tes parents, en dépit de mes remarques, te laissent végéter, ma pauvre petite. A mon avis, tu finiras par redoubler ta classe !* » Vrai ou faux ? Plutôt vrai, n'est-ce pas ?

Vous croyez faire preuve de subtilité, mais vos sous-entendus ne trompent personne, nous lisons en vous à livre ouvert !

Pour donner à ceux qu'à votre gré vous voyez trop rarement, l'envie de passer plus souvent, essayez de cloisonner davantage vos rapports avec les différentes branches de votre descendance. Demandez à chacun de ses nouvelles[1] avant de lui délivrer un bulletin d'information qu'il n'a pas sollicité. Ne vous croyez pas obligés de jouer les agents de liaison entre les multiples cellules qui vous entourent. Chaque foyer de chaque enfant, de chaque neveu ou nièce, représente une entité autonome, vous ne pouvez contraindre les uns à s'intéresser intimement à chaque péripétie de la vie des autres.

Jadis, le savoir-vivre exigeait que l'on entretienne des rapports avec tous les membres de sa famille, quelles que soient ses sympathies ou

1. De plus, quand vous demandez des nouvelles, faites l'effort d'écouter la réponse et de réagir — en bien ou en mal, peu importe —, pour montrer votre intérêt !

antipathies. Les usages contemporains réfutent ces hypocrisies ; on se fréquente à présent par plaisir, non par obligation. Les aînés ont souvent du mal à l'accepter.

Mon pauvre Papa n'a jamais admis que nous puissions sélectionner, parmi nos nombreux cousins et cousines, ceux et celles vers lesquels nous nous sentions attirés, ni que nous laissions tomber les autres dans l'indifférence. Cela lui faisait carrément de la peine quand il sentait, comme diraient mes fils, que nous n'en avions « rien à secouer ».

Il aurait aimé régir les rapports d'aujourd'hui avec les sentiments d'hier.

Tous les aînés versent un peu dans ce travers. Ils oublient que l'amour est changement, que les relations évoluent avec le temps qui passe. A trop vouloir imposer aux uns et aux autres un intérêt obligatoire, ils risquent de les faire se prendre en grippe, d'attiser des jalousies si promptes à se manifester.

3) Pourquoi vous plaignez-vous si souvent, alors que vous avez plutôt de la chance ?

« Ce que je pense de moi ? Beaucoup de mal quand je me considère, beaucoup de bien quand je me compare. » Ne me demandez pas qui a fait ce bon mot. Peu importe. Je voudrais simplement le dédier à tous les plus de soixante ans :

tous les cheveux gris ou blancs qui ont la chance de vivre en cette fin du XXe siècle.

J'ai bien dit la **chance**, même si vous en gémissez.

Vieillir n'a jamais été facile pour personne — je sais ce dont je parle ! —, il n'empêche qu'en tenant compte de tous les inconvénients de la société actuelle, vous êtes, nous sommes des privilégiés !

On nous rebat les oreilles avec les difficultés de la vie contemporaine. Ce monde n'est certes pas parfait, il faut lutter pour l'améliorer ; pour des milliards d'hommes, il n'a guère progressé depuis le début du siècle ; leur détresse et leur dénuement peuvent même paraître plus insupportables quand ils côtoient l'opulence des riches. Tout cela est vrai. Pourtant, ces misères ne concernent pas les retraités du monde occidental dont vous êtes.

Jamais, depuis la nuit des temps, les aînés n'ont été aussi bien soignés, jamais la société n'a dépensé autant d'argent pour leur assurer des conditions de vie décentes.

Souvenez-vous de vos parents à votre âge, si toutefois ils eurent la chance de vivre jusqu'à celui que vous avez atteint actuellement, ce qui n'était pas si fréquent. La plupart d'entre eux ont connu sur le plan matériel une vieillesse vraiment précaire. Ils comptaient chaque sou de leurs maigres pensions, se chauffaient parcimonieusement en hiver, se nourrissaient mal ; ils ont hésité à se soigner tant que la Sécurité sociale ne les a pas pris totalement en charge. Une opération de la cataracte, un pacemaker, même un appareil dentaire pouvaient encore être considérés, dans les années 50, comme des dépenses somptuaires réservées à quelques heureux vieillards des classes privilégiées.

Par comparaison, deux chiffres de la France actuelle vous permettront de mesurer votre propre niveau de vie :

- Selon les plus récentes statistiques de l'INSEE, les pensions des retraités de plus de soixante-cinq ans ont gagné 80 % de pouvoir d'achat entre 1970 et 1984 ; deux fois plus que le salaire ouvrier qui, lui, n'a augmenté que de 40 %.

[Je vous accorde que les montants des retraites partaient de très bas et que leur revalorisation s'est arrêtée de 1984 à 1989 ; néanmoins, quel bond par rapport aux générations précédentes !]

- Les plus de soixante-cinq ans dépensent deux fois plus d'argent que la moyenne des gens pour se soigner. Les plus de quatre-vingts ans, presque trois fois plus. Une statistique publiée par *Le Quotidien du phar-*

macien montre que les personnes âgées, qui représentent 14 % de la population, consomment 50 % des médicaments vendus en France[1].

Il ne s'agit pas de vous reprocher quoi que ce soit, mais de vous faire prendre conscience des avantages dont vous bénéficiez.

Ce discours optimiste vous concernant est rarement tenu publiquement. Aucun homme politique n'oserait vous traiter de petits veinards sans risquer de perdre une partie de son électorat[2]. Municipalités et gouvernements se sentent plus enclins à vous favoriser qu'à dépenser de l'argent pour les bébés : forcément, les nourrissons ne votent pas !

Alors, cessez de grogner et de nous expliquer à quel point vous êtes malheureux. Essayez de vous comparer plutôt que de vous considérer : vous vous apercevrez que votre vie vaut encore tout à fait la peine d'être vécue jusqu'au bout !

1. Chiffres cités par Gérard Badou dans *Les Nouveaux Vieux*, Le Pré aux Clercs.

2. En France, actuellement, les plus de soixante ans représentent 20 % du corps électoral. Leur taux d'abstention est inférieur à celui des électeurs de 18 à 24 ans. Dans un pays vieillissant comme l'Allemagne de l'Ouest, leur poids électoral est encore plus important.

4) Pourquoi profitez-vous si peu des années qui vous restent à vivre ?

J'adore regarder certaines vieilles dames manger des gâteaux dans les pâtisseries. Elles savourent chaque bouchée avec délectation, donnent enfin libre cours à leur gourmandise sans avoir peur de déclencher les signaux de détresse de leur pèse-personne, les remarques de leur entourage ou les remontrances de leur médecin. Elles sont la preuve vivante qu'il n'y a pas d'âge pour le plaisir.

Mamina fait partie de ces vraies gourmandes de sucreries, elles se damnerait pour de la glace au café. Aussi sommes-nous toujours prêts à la ravitailler. Tant que nous lui verrons ce regard enchanté quand elle plonge sa cuillère dans une coupe au moka, nous saurons qu'elle entend profiter des choses de la vie. Nous voudrions bien qu'elle s'accorde d'autres « péchés » mignons, qu'elle se rende à elle-même la vie plus souple et plus joyeuse, mais Mamina n'aime pas le laisser-faire, encore moins le laisser-aller. Elle range, brique, remet constamment chaque chose à sa place, comme si le regard de sa propre mère passait à chaque instant l'inspection de ses faits et gestes.

Mise à part la gourmandise, en effet, les aînés ne s'autorisent pas suffisamment à jouir de la vie. Ils se conforment à perpétuité aux préceptes qui leur ont été inculqués dans leur enfance, au catéchisme comme à la communale. Ils finissent leur pain même s'ils n'ont plus faim, font le ménage tous les matins, éteignent la lumière en sortant, essuient leurs pieds en rentrant. Comme les paysans ils se lèvent tôt, même s'ils n'ont pas grand-chose à faire.

Pourquoi, par exemple, profitez-vous si peu de votre droit, bien acquis, à faire la grasse matinée, à laisser la vaisselle sale sur la paillasse pour faire la sieste, à partir vous promener le matin s'il y a un rayon de soleil, quitte à ranger la maison l'après-midi ou à la nuit tombée ? Pourquoi ne pas dépenser votre argent pour votre bien-être au lieu de le thésauriser pour vos héritiers ? Pourquoi ne pas renouer avec certains de vos « vices » jadis proscrits pour raisons de santé ? Si un petit cigare ou un verre de bon vin vous réjouissent vous auriez bien tort de vous en priver.

Vous seriez tellement plus heureux si vous étiez un peu plus indignes !

Parfois, dans les clubs de troisième âge, aux réunions d'anciens combattants, vous vous « éclatez » entre vous. Vous riez très fort quand un joyeux drille se met à raconter des histoires égrillardes. Vous chantez à tue-tête *La Madelon* ou *Le Petit Vin blanc*. Pourquoi alors, devant nous, vos enfants, prendre l'air de ne plus rien attendre d'heureux en ce bas monde ? Pourquoi ne pas vous laisser aller à vos péchés plus ou moins mignons ?

Mon amie Jacqueline considérait sa pauvre vieille Maman comme totalement dépressive. Chaque visite qu'elle lui rendait dans sa maison de retraite se terminait dans les sanglots. Par hasard, un dimanche, alors qu'elle attend que la vieille dame se réveille de sa sieste, une autre pensionnaire vient lui faire la conversation. Elle lui raconte que sa mère les a fait se tordre de rire, la veille, en singeant les unes et les autres et en chantant des airs de troufions. Jacqueline n'en est toujours pas revenue. Quel soulagement de savoir que sa mère ne passe pas toute la semaine à se morfondre entre deux visites !

Pour vous prouver à quel point nous nous sentons larges d'esprit, nous sommes même tout prêts à nous attendrir sur vos histoires d'amour.

La mode dans les médias, depuis quelques années, est à la sexualité du troisième âge. On raconte que, dans les clubs et les résidences, vous esquissez des liaisons qui, sans être vraiment dangereuses, ne sont pas purement amicales ni platoniques. Certains s'en offusquent et interdisent les gestes de tendresse entre hommes et femmes dans leurs établissements. Ce moralisme puritain me paraît scandaleux. De quel droit vous priverait-on du charme des amitiés amoureuses ou même des affres de la passion ? Si seulement nous pouvions espérer vous ressembler quand nous aurons blanchi à notre tour !

Josiane est persuadée que si sa mère de quatre-vingt-six ans, veuve depuis plus de dix ans, refuse absolument de quitter la province où elle réside pour venir la rejoindre dans la région parisienne, c'est parce qu'elle « fréquente » dans son immeuble un veuf de quatre-vingt-quatre ans. Ils déjeunent ensemble tous les jours, s'assoient au square une petite heure l'après-midi, regardent la télévision sur le même canapé et se chamaillent à longueur de temps à propos de leurs opinions politiques et religieuses opposées. La vieille dame ne voudrait pour rien au monde quitter son « copain », mais elle n'a jamais osé en parler avec sa fille. Elle redoute de choquer sa famille.

En fait, ce sont surtout les veufs et les veuves qui craignent d'avoir l'air « joyeux ». Même si les voiles de crêpe ou les brassards noirs ne se portent plus comme dans leur jeunesse, il ne leur paraît pas séant de reprendre trop ostensiblement goût à la vie.

Puisque veufs/ves vous êtes, inconsolables vous voulez paraître.

Renoncez à ces principes d'une autre époque ! Loin de vous en vouloir de retrouver une saveur au temps qui passe, nous admirerons votre force de caractère. De nos jours, il est plus courageux de rire que de pleurer, de s'ouvrir à la vie que de s'enfermer dans le chagrin.

Du courage, vous en avez toujours eu, ce n'est pas la moindre de vos qualités. Vous en avez beaucoup d'autres...

VII

Quelques compliments admiratifs

Si je me suis permis, dans le chapitre précédent, quelques critiques affectueuses, c'était *pour votre bien* : tu vois, Mamie, j'ai gardé le vocabulaire de mon enfance ; tu me ressortais souvent cette excuse quand tu me faisais des remarques désagréables à entendre.

J'essayais d'imaginer, comment nous aurions pu rendre nos relations plus riches dans les dernières années de ta vie. Chacune de notre côté, il aurait fallu faire un peu plus d'efforts pour que s'établisse entre nous un dialogue plus ouvert, plus gai, agréable pour l'une comme pour l'autre.

Comme toujours dans la vie, les torts doivent être partagés. Les aînés ne sont pas les seuls à manquer de conversation ; nous aussi, nous pratiquons la langue de bois. Confondant certitudes et évidences, nous ne prenons plus la peine de vous tenir au courant de nos sentiments, surtout quand ils sont positifs.

Pourquoi répéter à son vieux Papa, l'œil humide

d'émotion, qu'on est fière de lui ressembler, d'avoir son sens de l'humour et son rire libérateur ? Depuis quarante ou cinquante ans que ça dure, il doit bien s'en douter.

Comment déclarer à sa vieille Maman toute la tendresse qu'on éprouve à regarder ses rides familières et ses bandeaux blancs, sans se sentir un tant soit peu ridicule ? Depuis cinquante ou soixante ans que nos regards traduisent nos sentiments, inutile de les verbaliser...

Ces pudeurs absurdes nous envahissent au moment de faire des compliments ou de dire des choses aimables à nos parents. Peut-être parce que nous avons gardé de notre enfance la certitude de notrc amour, et de notre adolescence une quasi-impossibilité à l'exprimer par crainte de nous faire rabrouer.

La peur des gestes de tendresse

Les mots ne sont pas seuls à nous faire peur. Sous votre influence pudibonde, nous avons aussi perdu, en grandissant, l'habitude des gestes de tendresse.

Le tabou de l'inceste et l'horreur de la sexualité te faisaient critiquer et refuser, Mamie, les contacts physiques entre adultes. Les seuls baisers autorisés devaient être brefs, sonores, et sur les joues.

En vertu de ton puritanisme, tu te méfiais de toutes les pulsions affectueuses qui se traduisent par un élan du corps. Une caresse, même sur la main, risquait d'être lascive. Un bras enroulé autour de tes épaules frisait le laisser-aller. Un massage du dos, pour détendre ta nuque si nouée, empiétait sur ton intégrité physique. N'ayant pas appris à aimer ton corps, te méfiant de tes « mauvaises pensées », tu n'accordais à tes cinq sens que des satisfactions mineures, jamais d'abandons ni de plaisirs fugitifs. Je me souviens même de ta méfiance quand tu voyais nos enfants adolescents se prendre par la main ou par la taille entre cousins et cousines. Refusant d'admettre que les messages non-verbaux puissent receler autant de tendresse et de chaleur que les mots, tu imaginais toujours « le pire ».

Pourtant, les *psy* ne croient plus du tout à l'amour distant et bourru. Ils s'escriment à nous répéter que rien ne va vraiment bien sans dire. Selon eux, tout irait tellement mieux si nous faisions l'effort d'éclairer l'autre sur le fond de notre cœur et de nos pensées ! Il nous exhortent à imiter l'irremplaçable dialogue des premiers temps d'un grand amour :

— *Je t'aime...*
— *Tu m'aimes ?*
— *Oui, je t'aime...*

— *Pourquoi tu m'aimes ?*
— *Parce que je t'aime et que...*

... suit toute une série de raisons plus subjectives les unes que les autres, mais qui paraissent parfaitement plausibles à la personne aimée, puisqu'elle nage également en pleine subjectivité[1].

Prenons modèle sur les amoureux dans nos rapports familiaux ; faisons plus souvent, nous aussi, l'effort d'une déclaration de tendresse. Elle réchauffe le cœur de celui/celle à qui elle s'adresse tout autant que le cœur de celui qui la prononce.

Même les pépés ronchons se sentent désarçonnés par la tendresse exprimée. Il haussent les épaules, grommellent qu'ils n'ont pas de temps à perdre en fadaises, s'abritent derrière leur surdité pour avoir l'air de ne pas entendre ces *mièvreries*. Le message finit quand même par être reçu.

Essayer la « méthode positive »

Sur mes conseils, une grande fille désespérée par la morosité de son vieux père a essayé la « méthode positive » :

1. Vous trouvez ce dialogue absurde et bêtifiant ? Vous n'avez jamais échangé de telles platitudes avec personne ? Alors, permettez-moi de vous présenter mes sincères condoléances : il manque le chapitre « amour fou » à votre roman personnel.

« Depuis qu'il n'a plus d'activité professionnelle, Papa est devenu infernal. Il nous persécute : Maman d'abord, mais nous également, ses deux filles. Comme s'il était jaloux de notre réussite et de notre vie active... Certains jours, nous regrettons vraiment de lui rendre visite, car nous avons l'impression d'ajouter à sa déprime au lieu de le distraire et de lui faire du bien. Nous en étions arrivées à ne plus oser emmener les enfants chez lui. De temps à autre, nous invitions Maman au restaurant, sans lui, pour échapper à sa mauvaise humeur. Un cercle vicieux : plus il était désagréable, moins nous lui parlions ; moins nous lui parlions, plus il était désagréable. Nous finissions par ne nous adresser la parole que pour nous disputer. Maman pleurait, Papa mettait la télévision plein pot : l'enfer !

Un jour, j'ai décidé d'emmener Papa au restaurant, sans Maman, pour mettre les choses au point. Au lieu de lui faire des reproches, je me suis efforcée d'être positive, de lui faire comprendre tout ce que nous admirons en lui, la place essentielle qu'il tient dans nos cœurs de filles, notre souhait de partager ses pensées, de profiter de son expérience, de connaître ses opinions et d'écouter ses conseils. Il n'a fait aucun commentaire immédiat. Les résultats ont dépassé mes espérances : nous avons retrouvé des grands morceaux de notre vrai Papa. »

Cette recherche d'un dialogue constructif est largement facilitée, de notre côté, par le fait que nous avons beaucoup de choses aimables à vous dire.

Voici les compliments qui reviennent le plus souvent dans le discours admiratif de vos vieux enfants :

Dans votre rôle de parents, vous avez fait preuve d'un formidable courage

La plupart d'entre nous, vos enfants grisonnants, sommes nés entre 1930 et 1950. Il fallait franchement un courage fou pour mettre des enfants au monde en ce temps-là ! D'accord, la pilule n'existait pas et vous n'avez pas toujours passé commande d'un chou ou d'une rose de façon totalement délibérée ! Il n'empêche, même si vous nous avez eus par surprise, vous nous avez élevés ensuite par amour et par devoir.

J'ai toujours admiré les femmes d'Europe qui ont traversé les années 1939-1945 avec un bébé dans les bras. Elles se sont battues pour les nourrir et les vêtir, battues pour leur assurer une enfance en temps de guerre. Ce combat-là, celui de la survie et de l'avenir, a toujours été le lot des femmes, quand les hommes s'entre-tuent. Le XXe siècle l'a rendu encore plus âpre en portant la mort à tire-d'aile à l'arrière des champs de bataille.

Pauvre Maman, il t'a fallu batailler pendant cinq ans pour apporter la becquée à ta nichée malgré les cartes de rationnement, les tarifs scandaleux du marché noir, les contrôles d'identité et les alertes aux bombardements. Tu nous as souvent raconté tes réveils à cinq heures du matin pour aller faire la queue devant un magasin qui n'ouvrait qu'à huit heures. Seules les vingt premières ménagères avaient une chance de voir leurs tickets honorés. Grâce à ton énergie nourricière, nous sommes partis à l'école tous les matins sans avoir faim. Épouse de Juif en pleine occupation hitlérienne, tu savais malgré tout, le soir, nous raconter des contes de fées au moment de nous endormir.

Quand je nous vois laisser notre bonne humeur dans un embouteillage ou friser la dépression parce que nous ne prenons pas de vacances de toute une année, je t'admire et nous trouve un peu enfants gâtés. Nous nous plaignons haut et fort de nos vies de citadins modernes, tirés à hue et à dia par la multiplicité de nos tâches. Vous aviez effectivement moins d'heures de transports (mais pas de voitures), moins de vacances à organiser (avec si peu de loisirs), pas de courses épuisantes dans les supermarchés (faute de commerces modernes pour simplifier votre ravitaillement), moins de machines en panne (vous faisiez la lessive et la vaisselle à la main), guère de crédits à rembourser en début de mois (si peu d'entre vous étaient propriétaires de leur logement !). Sans doute menons-nous des vies compliquées ; pourtant, les vôtres étaient infiniment plus difficiles.

Vous avez été, je l'espère, les derniers parents-courage en Occident[1]. Nous pouvons vous rendre cet hommage, nous qui avons élevé nos bébés en temps de paix sans avoir peur de la mort, ni pour nous à leur naissance, ni pour eux dans leur petite enfance.

Les tâches des parents se sont trouvées tellement facilitées depuis l'apparition des antibiotiques, des vaccins, des couches-culottes, des machines à laver le linge, des petits pots, des haltes-garderies et des dessins animés à la télévision le dimanche matin !

Pour tout le mal que nous vous avons donné, toutes les lessiveuses trop lourdes que vous avez

1. Il y a encore des millions de parents en Europe de l'Est et dans tous les pays du tiers monde qui tremblent chaque jour pour la vie de leurs enfants et bataillent pour leur procurer leur nourriture quotidienne en quantité suffisante.

portées, toutes les nuits sans sommeil que vous avez passées à tâter nos fronts brûlants de fièvre, toutes les coqueluches/varicelles/rougeoles/diphtéries/tuberculoses que vous avez soignées et guéries, pour nos chaussettes reprisées, nos leçons répétées, notre orthographe contrôlée, nos chagrins consolés, nos joies partagées, merci, merci, merci !

Grâce à votre grand sens de l'économie, vous savez vous contenter de ce que vous avez

En rangeant, après sa mort, le logement d'une vieille cousine, une dame trouve, sur une étagère très haut placée, une boîte à chaussures. Sur le couvercle, une étiquette : *« Petits bouts de ficelle inutilisables ».* Effectivement, la boîte est pleine à ras bord de cordelettes, cordes et ficelles de toutes grosseurs, dont aucune ne dépasse quinze centimètres de longueur !

Tous vos placards renferment des trésors de ce genre, témoignages charmants et dérisoires de votre horreur du gaspillage.

Élevés pour la plupart dans des foyers où il convenait de « faire attention », contraints de vous restreindre dans les périodes troublées, méfiants envers le gâchis de la société de consommation, vous avez supporté beaucoup mieux que nous les chocs pétroliers et les menaces de crise. Je vous soupçonne même d'avoir jubilé intérieurement quand les gouvernements européens ont remis à l'honneur les économies d'énergie. Vous teniez enfin votre revanche sur tous ces jeunes je-m'en-foutistes qui laissent les portes ouvertes sans se soucier des courants d'air et des calories envolées, brûlent de l'électricité pour éclairer des pièces où ils ne se tiennent pas, appuient sur le champignon sans se soucier de leur consommation d'essence.

Cet art de vivre un peu au-dessous de vos moyens, votre horreur des dettes et des crédits, votre habitude de ne rien laisser perdre vous protègent des difficultés financières qui assaillent les générations qui vous ont succédé.

Depuis quelque temps, ces manières économes retrouvent un prestige qu'elles avaient perdu pendant les années d'abondance — de « gaspillage », selon vos normes à vous. Plus personne ne sourit désormais de vos livrets de caisse d'épargne. Les innombrables drames de l'endettement redonnent toute sa valeur à votre sobriété.

Nous commençons même à nous demander s'il ne nous faudra pas, quand notre hiver sera venu, imiter votre parcimonie, puisque nous sommes menacés de ne pas toucher à votre âge les retraites pour lesquelles nous avons cru cotiser.

Pour la discrétion dont vous faites preuve en matière d'argent, pour votre façon de vous priver plutôt que de demander, pour l'essentiel que vous vous refusez en vue de nous offrir des cadeaux superflus, pour les économies auxquelles vous vous astreignez en rêvant de nous les léguer, merci, merci, merci !

En dépit des trahisons de votre corps, vous conservez une tenue remarquable

Ma coiffeuse exerce juste en face d'une résidence pour personnes âgées. Chaque fois que je vais chez elle, j'admire les tignasses de neige de ses fidèles clientes.

> *« Vous ne pouvez pas imaginer,* me dit Véronique, *à quel point toutes mes vieilles dames sont coquettes. La plupart viennent au moins une fois par mois. Si elles en avaient les moyens, ce serait toutes les semaines. Elles adorent se sentir bien coiffées et ne sortent jamais du salon sans avoir remis un peu de rouge à lèvres, une touche de fard à joues. Elles prennent soin de leur personne, pour elles-mêmes, pour leurs*

enfants, pour les autres pensionnaires de la résidence. Il leur arrive même de venir se faire faire une mise en plis avant une visite chez le médecin. J'aime leur façon de se faire belles par politesse ; la plupart de mes jeunes clientes pourraient en prendre de la graine... »

Mamina et Dédée organisent toutes deux avec minutie leurs visites capillaires. Un été, nous avons même failli ne pas pouvoir emmener Mamina en vacances à la date prévue pour une histoire de minivague dont le rendez-vous avait été pris plus de quinze jours à l'avance ! Quant à Dédée, je suis restée coite le jour où elle m'expliqua qu'elle ne faisait pas faire sa permanente dans le même salon que sa mise en plis, parce que les deux seules personnes à connaître ses cheveux et à réussir son chignon ne travaillaient plus dans la même équipe. Entre les deux opérations, Dédée sortait dans la rue les cheveux humides. A quatre-vingt-quatorze ans ! C'est à ne pas croire !

Raymonde, quatre-vingt-cinq ans, vit dans une résidence au Chesnay, dans la région parisienne. Elle clame bien fort son droit à la coquetterie :

« Je ne veux pas me laisser aller. Pour moi comme pour ma famille. J'ai deux filles (soixante et cinquante-huit ans), qui ont

chacune deux enfants, et je viens d'être arrière-grand-mère. Je ne veux pas qu'ils disent de moi : "Mamie n'est pas assez bien habillée, pas assez jolie, ou pas assez bien tenue." J'ai trop d'amour-propre. Alors je fais attention à moi. Je vais chaque mois chez le pédicure[1] *et chez le coiffeur. J'achète de jolis chemisiers, plutôt dans les tons pastel, car je trouve le noir sinistre. »*

Elle me montre une paire de chaussons violets achetés par correspondance :

« Ils sont confortables et chauds, mais j'ai fait une erreur : ils font mémé ! »

Toutes ces coquetteries peuvent prêter à sourire, je ne m'en prive pas ; pourtant, elles sont surtout une preuve de vitalité et d'énergie.

Au congrès Euromédecine de Montpellier, en 1988, le professeur Dubertret, qui dirige un laboratoire de recherches dermatologiques à l'INSERM, a projeté deux photos d'une même femme. La première la montrait peu soignée, l'air morne. Sur l'autre, plus expressive et bien coiffée, elle avait rajeuni de dix ans. Ce qui

1. Le pédicure joue un rôle essentiel dans le confort et l'hygiène du troisième âge. Les aînés souffrent souvent des pieds et ne sont plus assez souples pour les soigner eux-mêmes. Des visites régulières chez le pédicure leur changent la vie.

tendrait à montrer que les progrès en matière de dermatologie ne s'expriment pas en termes de consommation de crèmes miracles, mais d'abord dans le niveau d'intégration sociale de l'individu[1]. Selon le professeur Dubertret, il se développe toute une « cosmétologie » de plaisir qui ne cherche pas à jouer la carte d'un rajeunissement aléatoire, mais met au contraire l'accent sur la nécessité de se trouver beau ou belle. Entre le soin que l'on prend à donner de soi une image attrayante et la longévité, le rapport est évident.

Le magazine *Notre temps* cite un exemple : des médecins ont travaillé en laboratoire avec cent personnes de plus de cinquante ans dont ils ignoraient l'état civil ; ils leur ont donné un âge en se fiant simplement à leur apparence. Après avoir mesuré leur âge physiologique à l'aide d'une batterie de plusieurs dizaines de tests, les chercheurs ont constaté que les personnes de soixante-dix ans qui en paraissaient soixante avaient réellement soixante ans d'âge physiologique ! En somme, passé cinquante ans, on n'a pas seulement la *« gueule qu'on mérite »*, comme le veut la sagesse populaire, mais aussi l'âge physiologique correspondant.

1. « Les Secrets pour bien vieillir », enquête parue dans le mensuel *Notre Temps*, n° 221, mai 1988.

A bas les baignoires !

Voilà pourquoi vous avez bien raison, chers grands aînés, de rester si attentifs à l'image que vous offrez. Même si cela vous demande beaucoup d'efforts que vous vous employez soigneusement à nous dissimuler. Il faut vivre dans votre intimité quotidienne pour se rendre réellement compte des mille obstacles pratiques qui jalonnent votre hygiène corporelle.

Les salles de bains modernes ont été inventées par de jeunes adultes pour les jeunes adultes. Pour les aînés, elles sont parfaitement incommodes, voire dangereuses. Comment entrer ou sortir d'une baignoire quand on a du mal à plier les genoux ; comment, une fois assis dans l'eau, se relever sans l'aide d'un tiers ; comment se laver le dos quand on souffre de douleurs dans les épaules et dans les bras ; comment se sécher les pieds si l'on ne peut plus se baisser ? Autant de questions que devraient se poser les architectes qui conçoivent les petits logements où pourront un jour habiter des personnes des troisième et quatrième âges.

Jadis objet-symbole du confort domestique et de la promotion sociale, la baignoire est peu à peu appelée à disparaître dans les logements du XXIe siècle. D'abord, elle occupe une place disproportionnée à son usage ; de nos jours, chaque mètre carré coûte une petite fortune et une baignoire en occupe deux fois plus qu'un bac à douche. Ensuite, quand elle est d'une taille suffisante pour s'y allonger confortablement, la baignoire consomme une quantité d'eau chaude ruineuse et demande un temps de remplissage et de vidange incompatible avec les matins pressés des familles actives. Enfin, les aînés qui ne parviennent plus à enjamber la hauteur d'une baignoire doivent non seulement renoncer à s'y baigner, mais également à s'y doucher ; ils en sont réduits, pour leur toilette, à l'usage exclusif du lavabo.

La douche, voilà l'avenir ! Le groupe Hotelia, qui construit des résidences pour personnes âgées, a mis au point une salle d'eau parfaitement adaptée à cette clientèle : la baignoire n'en fait plus partie.

Ce message anti-baignoire s'adresse à tous les pas-encore-tout-à-fait-vieux-mais-presque qui envisagent des investissements immobiliers ou des déménagements au moment de leur retraite : pour vivre propre et heureux le reste de votre âge, prévoyez, bâtissez, carrelez **une bonne douche de plain-pied**. Si vous suivez ce conseil, vous penserez à moi matin et soir avec reconnaissance pendant trente ou quarante ans ! Je ne serai déjà plus là que vous vous laverez encore commodément à ma santé !

Pour vos ablutions compliquées par l'arthrose, dont vous sortez briqués comme nous aimerions que nos jeunes le soient ; pour vos cheveux soignés qui vous auréolent de pureté ; pour votre discrétion vestimentaire qui ajoute à votre dignité ; pour la fierté que nous avons à vous regarder en acceptant d'avance de vous ressembler plus tard ; pour cette lutte pied à pied contre la décrépitude, dont vous nous donnez l'exemple avec quelques années d'avance, merci, merci, merci !

Tant que vous en avez la capacité physique, vous assumez les gestes traditionnels de notre culture quotidienne

Qui fera encore des montagnes de crêpes et de bugnes au moment de la Chandeleur quand toutes nos chères Mamies nous auront quittés ? Nous, les jeunes grands-mères, bien sûr, car nous serons devenues à notre tour des aînées et il faudra toujours régaler les enfants avec les recettes du passé.

Que ce soit Mardi gras, Halloween, Saint-Nicolas ou Sainte-Lucie, toutes les fêtes traditionnelles ont une saveur de pâtisserie faite à la maison. Jamais les pâtisseries industrielles ou surgelées ne remplaceront l'odeur exquise de la farine, du beurre et des œufs cuisant dans la poêle ou le four d'une grand-mère.

Dans quelques années, si les femmes actives ont perdu le sens des proportions et le tour de main, il faudra envisager un recyclage pour retraités, femmes et hommes, en gâteaux-maison pour petits-enfants gourmands.

Qui montrerait aux petits garçons comment on accroche un hameçon à une canne à pêche si tous les vieux Pépés restaient dans leurs fauteuils ? Personne, sans doute. Il ne faut guère compter sur les grands-pères citadins, bien trop obsédés encore par leur carrière et les cours des SICAV, pour trouver le temps de cultiver leur potager et d'emmener leurs petits-fils taquiner la truite ou le goujon.

Tout cela pour dire combien nous et nos enfants attachons d'importance à votre rôle d'anciens pour tout ce qui concerne les gestes de notre quotidien familial. Grâce à vous, nous retrouvons des moments préservés, des odeurs familières, des saveurs inchangées, des gestes immuables qui nous donnent le sentiment fugitif d'être — encore un tout petit peu — les enfants de quelqu'un.

Pour cet environnement que vous préservez et qui constitue le musée vivant de notre enfance ;

pour les recettes de votre grand-mère que vous nous léguez sur des feuilles quadrillées pleines de traces de doigts ; pour les grosses armoires de famille qui renferment encore parfois des draps de lin et des nappes blanches damassées ; pour les albums de photos que vous feuilletez en reconnaissant chaque visage et chaque circonstance ; pour les souvenirs que vous offrez à nos petits-enfants après avoir forgé ceux de nos enfants, merci, merci, merci !

Dans le malheur, vous faites preuve de beaucoup de dignité.

Deux guerres ont endeuillé vos vies, l'une dès votre enfance, l'autre à votre âge adulte. Vous avez appris très jeunes à dominer votre chagrin ; il vous en est resté une résignation face à la mort que nous ferions bien d'acquérir à notre tour.

Par deux fois, Mamie, nous sommes allées ensemble jusqu'au cimetière accompagner des êtres essentiels à nos cœurs. Par deux fois, j'ai été bouleversée par ton courage. Tu supportais l'insupportable sans t'apitoyer sur toi-même, sans essayer de te faire plaindre, sans te révolter contre l'injustice du destin. Pourtant, rien ne doit être plus triste que de dire adieu au compagnon de toute une vie, ni plus intolérable que de voir mourir un de ses enfants adultes avant soi.

Nombreux sont les aînés qui se trouvent confrontés à ces pertes irrémédiables. Accidents de la route, cancers, sida, bouleversent la chronologie de la vie et de la mort. Les plus âgés ne s'en vont pas toujours les premiers ! Plus nous vivons longtemps, plus nous risquons ces deuils inconsolables. Il faudra nous souvenir de votre courage quand notre tour viendra de fréquenter la mort.

Pour toutes les larmes que vous avez versées sans cesser de faire votre devoir ; pour toute la solitude du cœur assumée en laissant au temps le soin d'adoucir votre peine ; pour votre tristesse exprimée sans amertume ; pour votre façon d'admettre que la mort fait partie de la vie, merci, merci, merci !

Tu vois, Maman, j'avais décidément beaucoup de compliments à te faire. Je regrette de ne pas les avoir formulés aussi clairement quand il en était encore temps.

A franchement parler, tu n'étais pas particulièrement favorable à ce style de relations. Mes fils diraient que tu n'étais pas « cool » ! Je crois qu'en ton for intérieur, tu n'admettais pas qu'un enfant puisse juger ses parents. En mal, l'idée te paraissait scandaleuse. En bien, l'audace te semblait à peine moins inadmissible. Beaucoup de mésententes et d'incompréhensions entre les générations découlent sûrement de ce refus des aînés de se faire juger par ces petits morveux qu'ils ont un jour mis au monde ! Même si les morveux sont à leur tour en puissance de morveux... et de morveux de morveux !

Je le dis d'autant plus librement que je ressens moi-même cette pichenaude d'agacement quand un de mes enfants me fait une remarque sur mon comportement, même — ou surtout ? — lorsque sa critique se révèle parfaitement justifiée !

Il est infiniment plus facile de dire leurs quatre vérités — ou même une seule vérité toute nue — à des aînés quand ils ne sont pas vos géniteurs. Toutes les infirmières, les aides-ménagères, les directrices de maison de retraite que nous avons interrogées, Marina de Baleine et moi, insistent sur le changement d'attitude qu'elles constatent dès que l'enfant d'un de leurs protégés est présent. Le même vieillard, plutôt affable et guilleret, se croit soudain obligé de prendre l'air sévère ou la mine chagrine, il cesse d'être lui-même et joue au parent.

Quelle drôle de comédie nous interprétons tous ! Il suffit d'écouter raconter des histoires de famille autour de soi pour s'apercevoir que rien n'est simple. Surtout pas vous !

VIII

La famille autour des aînés

Beaucoup d'aînés se plaignent d'être « abandonnés » par leurs enfants. Certains parce qu'ils ne les voient pas souvent, d'autres parce qu'ils ne les voient pas du tout.

Quand ils n'ont plus assez de forces pour rendre les nombreux services qu'ils assurent dans les premiers temps de leur retraite[1], quand leurs petits-enfants — et surtout leurs arrière-petits-enfants, auxquels ils ne s'intéressent en général que de loin — deviennent trop turbulents pour être laissés à leur garde, quand leur maison cesse d'avoir table ouverte pour les fêtes et les anniversaires, ils se sentent remisés à l'écart de la vie. Même parmi les fondateurs de familles très nombreuses, il s'en trouve qui finissent leur

1. Les « jeunes » retraités — moins de soixante-dix ans — soulagent les ménages de leurs enfants de beaucoup de tâches matérielles : bricolage/jardinage/petites réparations pour les pères ; entretien du linge/ ravitaillement/cuisine/couture/tricot pour les mères. Garde des enfants pendant les vacances pour les grands-parents ensemble. Cette entraide est considérée comme tout à fait « normale ».

parcours dans la solitude, sans chaleur et sans tendresse, presque aussi isolés que des célibataires ou des veufs/veuves sans enfants. Leurs histoires semblent invraisemblables.

Germaine, soixante-dix-neuf ans, dans un foyer-résidence depuis quatre ans :

> *« J'ai eu sept enfants. Six vivent à moins de vingt kilomètres d'ici, le dernier s'est installé au Maroc. Ils doivent être très occupés par leurs propres enfants, par leur travail, ou bien par leurs maisons* ***dont ils sont propriétaires*** [une pierre manifestement jetée dans le jardinet des enfants !]. *Pendant les fêtes du Premier de l'An ou à la Toussaint*[1]*, ils ne se manifestent pas toujours. En tout cas, jamais tous les six. Avec autant d'enfants, en voir un par semaine me ferait plaisir, eux n'auraient qu'une visite à rendre à Maman toutes les six semaines. Quarante kilomètres aller-retour, est-ce vraiment trop demander ? Mais ils ne le font pas tous. Le dimanche, c'est moi qui leur téléphone pour prendre de leurs nouvelles. Leur indifférence me fait de la peine, mais je ne leur en veux pas. »*

1. La Toussaint représente une date très importante pour les aînés, celle où l'on se rend traditionnellement au cimetière, fleurir la tombe de ses parents ou de son conjoint. Les « bons » enfants se doivent de les y accompagner.

Au centre du guéridon, un napperon de dentelle ; un aquarium est posé dessus. Un poisson rouge tourne en rond, seule présence vivante pendant ces trop longues journées de solitude :

– *C'est un cadeau de vos enfants ?*

– *Pas du tout, je me le suis offert moi-même !*

Quand on a plusieurs enfants, il est fréquent que certains se montrent plus attentionnés que d'autres, mais quand, sur six, il ne s'en trouve pas un seul pour éprouver le besoin de rendre visite régulièrement à sa vieille Maman, c'est à ne pas y croire. Une mère de six enfants, seule ou presque le dimanche et les jours de fête, comment est-ce possible ?

Premier réflexe : se scandaliser, accuser ces enfants-bourreaux de briser le cœur de leur Maman-martyre. En relisant mes notes, en y réfléchissant, je réalise pourtant que je ne possède qu'une version de l'histoire. Germaine ne dit certainement pas toute la vérité sur ses relations avec ses enfants. Pourquoi est-elle arrivée à la résidence en pleine dépression nerveuse ? N'y reçoit-elle vraiment jamais aucune visite ? Cette façon de se dire abandonnée n'est-elle pas aussi une manière d'exprimer sa solitude intérieure ?

Ces questions resteront sans réponse, car les enfants n'ont pas eu envie d'en apporter. Les secrets de famille ne s'élucident que dans les romans. Dans la vie réelle, on ne peut le plus souvent que constater.

Une certitude en cours d'enquête : Germaine, mère qui s'estime délaissée par une horde d'enfants ingrats, n'est pas un cas unique. Viviane, quatre-vingt-deux ans :

> *« J'ai sept enfants, entre soixante et quarante-cinq ans*[1]*. Quatre vivent tout près d'ici, les autres sont à Lyon, à deux cents kilomètres. Claudine, la cadette, est la seule que je voie régulièrement. Elle fait mon marché plusieurs fois par semaine, je passe tous les dimanches chez elle avec son mari et ses enfants. Les autres ? Ils viennent de temps en temps, ou bien me téléphonent. J'aimerais bien les voir plus souvent, mais ils ne m'invitent pas. Je ne veux pas les embarrasser, me montrer exigeante. Je ne me plains pas, je sais que chacun est très occupé. »*

1. Dans cette génération des plus de soixante-quinze ans, on rencontre encore beaucoup de parents de familles très nombreuses. Surtout parmi les pensionnaires de foyers et de maisons de retraite. Plus on a eu d'enfants, moins on a pu mettre d'argent de côté pour assurer ses vieux jours ou devenir propriétaires d'une petite maison où finir sa vie.

Toutes les mamans ne sont pas des saintes

A les entendre, toutes ces dames seraient des saintes, discrètes, compréhensives, disposées à tout admettre, tout pardonner. Quand elles ont des reproches à formuler sur le comportement de leurs enfants, elles ajoutent presque toujours : *« Je les comprends... »*, *« Je ne leur en veux pas... »*, *« Je ne me plains pas... »*, *« Je ne demande rien... »*, etc.

Andrée, responsable d'un club de troisième âge, dénonce ces affabulations :

> *« Pour que l'on s'occupe d'eux, pour faire pitié, surtout, beaucoup de vieux se lamentent. Ils affirment que leurs enfants ne viennent jamais les voir, alors qu'ils reçoivent des visites régulières. Une de mes visiteuses recourt à des subterfuges pour savoir la vérité. Ainsi, chez une vieille dame impotente qui prétendait ne jamais voir sa fille, elle a mis au point un code. Chaque fois que la fille vient, elle coche la date de sa visite sur le calendrier des Postes accroché dans l'entrée. L'infirmière a ainsi été édifiée sur les dires de la mère. Mais ni l'une ni l'autre n'ont jamais osé parler ouvertement avec la*

vieille dame, de peur de la vexer. Les vieux sont très susceptibles !»

En fait, les aînés sont comme chacun de nous : quand leurs relations avec leur entourage ne correspondent pas à leur attente, ils se sentent tristes et rancuniers. N'ayant plus beaucoup d'autres centres d'intérêt ou d'affection que leurs liens familiaux, ils attendent tout — c'est-à-dire trop — de leurs enfants. Que ceux-ci ne leur donnent pas tous les témoignages d'amour qu'ils escomptent, et les voilà frustrés, plus amers encore qu'avec les « étrangers ». Mais en aucun cas ils ne veulent admettre leurs « mauvais » sentiments ; ils préfèrent se cramponner à leur personnage de parent au grand cœur.

A chaque enfant de prendre en compte cette attitude et, à partir de là, de choisir son comportement : il n'est peut-être pas toujours indispensable d'avoir l'air dupe, ni de céder à tous les chantages affectifs.

En l'occurrence, Claudine, la gentille fille-commissionnaire de Viviane, apporte un éclairage un peu différent de celui de sa maman :

« Bien entendu, Maman vous a joué son air de violon : "Je ne demande rien, j'admets chacun tel qu'il est, je suis tellement tolérante, etc." C'est vrai pour ce qui concerne mes frères et sœurs. Sur mon mari et moi,

elle exerce au contraire une très forte pression, comme si elle reportait sur nous toutes ses exigences sous prétexte que nous sommes les seuls à nous occuper d'elle.

« Il nous arrive d'avoir envie de passer un week-end tranquille, d'aller nous promener en amoureux sans elle. Si j'ai le malheur de "craquer" ainsi un dimanche, dès le lundi matin elle téléphone à une de mes sœurs pour se plaindre. Je me sens immédiatement coupable. Un comble : c'est moi, la plus présente, qui me retrouve la plus critiquée ! »

Mêmes causes, mêmes effets. Jeanne, cinquante ans, dernière de la famille, fille tant attendue après la venue au monde de ses deux frères aînés :

« Ceux qui sont les plus proches et les plus serviables ne sont pas les mieux remerciés. Je m'occupe beaucoup de ma mère, âgée de quatre-vingt-trois ans, et c'est moi qui ai droit à toutes les plaintes, à la différence de mon frère. Lui débarque une fois tous les trois mois avec un petit bouquet de fleurs, et elle est aux anges ! Jamais elle ne le critique. Il a droit au meilleur, alors que lui-même ne donne rien.

« Un jour, en allant visiter ma mère à la clinique où elle venait de subir une opération,

je rencontre mon frère. Il a le culot de me dire : "Si tu es là, ça va être la journée des lamentations. J'ai remarqué que Maman ne se plaint qu'avec toi..." J'ai découvert ce jour-là que ma mère prend beaucoup plus de gants avec ses garçons. Comme je lui en faisais la remarque, elle m'a avoué : "Tu comprends, si je me plains quand ils sont là, ils ne reviendront pas"... »

La dernière injustice de la saga familiale

Tu vois, Maman, tu n'étais vraiment pas la seule à ménager tes fils ! Presque toutes les femmes de ta génération tombent dans ce même « travers ». J'espère que ce constat consolera un peu toutes les grandes filles frustrées, victimes de cette dernière injustice de la saga familiale : n'est-ce pas sur elles que pèse le plus lourdement la charge des vieux parents — les leurs d'abord, ceux de leurs maris par la même occasion ?

Une femme médecin, gynécologue, confidente des difficultés existentielles de ses « malades », confirme :

« Quand mes clientes viennent me consulter à l'âge de la ménopause, beaucoup se plaignent de porter les "cheveux blancs" à

bout de bras. Non seulement leurs parents à elles, mais également leurs beaux-parents. Les maris veulent bien donner un coup de pouce financier, mais ils démissionnent carrément pour les démarches, les visites médicales, les mille et un tracas de chaque jour. Impossible de compter sur eux pour trouver une aide-ménagère, assurer le ravitaillement, dégoter une pension de famille pour les vacances, conduire ou rechercher un aîné à la clinique, téléphoner au médecin pour faire le point des états de santé, etc. Le réseau décisionnel s'établit entre les femmes : filles, belles-filles, nièces, cousines. La plupart des hommes se contentent de donner un avis sans donner un coup de main.

Combien de fois, en tant que médecin, n'ai-je pas été obligée de prescrire des somnifères ou des euphorisants à mes clientes excédées par la complexité des problèmes ! On s'apitoie souvent sur les jeunes femmes en charge d'enfants en bas âge. On oublie les femmes moins jeunes en charge de parents en grand âge ; elles n'ont pas la tâche plus facile ! »

Au bureau, dans les entreprises à forte main-d'œuvre féminine, la quête de *papy-sitters* alimente les conversations tout autant que les dépannages en *baby-sitters*. Les âges diffèrent, les syndromes se ressemblent : le manque de temps stresse les femmes actives débordées par leurs responsabilités familiales. Pour remédier à leur absence forcée, elles recourent de plus en plus souvent à des professionnels, mais surtout à des « amateurs » payés au noir, pour garder à leur place les non-autonomes, très jeunes ou très vieux, de la famille, cependant qu'elles-mêmes sont au travail.

Pour prendre la mesure de cette obligation dans les relations familiales, il faut savoir qu'*une personne âgée sur dix seulement* vit, à partir de soixante-quinze ans, dans un établissement collectif, public ou privé[1]. Parmi les autres, environ 15 % cohabitent avec un membre de leur famille ; le reste, soit les trois quarts des cheveux blancs, vit de façon indépendante. Or, vivre seul ne veut pas dire vivre autonome : les aînés ont besoin d'aide et de présence. Deux devoirs qui reviennent en priorité à leur famille proche.

1. Dans la région parisienne, on compte 57 352 places d'hébergement pour 570 000 plus de soixante-quinze ans. En Nord-Pas-de-Calais : 26 000 places pour 210 820 personnes âgées. En Languedoc-Roussillon : 16 296 places pour 160 340, etc. (Service des Statistiques et Systèmes d'Information, 1er septembre 1986, cité dans le *Rapport de la Commission nationale d'études sur les personnes âgées dépendantes*, présenté par Théo Braun et Michel Stourm en septembre 1987).

Nous sommes des bons petits !

A cet égard, il faut rendre justice aux grands enfants européens. Contrairement à la réputation d'égoïsme forcené qui leur est faite, rares sont les méchants qui abandonnent leurs géniteurs. La preuve : seuls 8 % des Français adultes déclarent ne pas avoir vu leurs parents de plus de soixante-quinze ans dans l'année ; 43 % leur rendent visite chaque semaine ; ils sont 73 % quand ils habitent à moins de vingt kilomètres. Même pas un enfant indigne sur dix ! Nous n'avons vraiment pas à rougir de nous. Nous sommes des bons petits qui remplissons nos devoirs filiaux, même si nous ne nous sentons pas toujours récompensés du mal que nous nous donnons.

Quand on s'occupe de ses vieux parents, en effet, on est rarement remercié de ses efforts. Différence d'appréciation : ce que nous trouvons gentil, venant de notre part, leur paraît tout à fait normal ! Les avons-nous remerciés, pendant toute notre enfance, de s'être occupés de nous jour et nuit sans épargner ni leur temps ni leur peine ? Pourquoi, dès lors, s'émerveilleraient-ils que nous leur rendions la pareille à l'autre bout de la chaîne familiale ? Notre présence ne les éblouit pas ; c'est notre absence qu'ils remarquent.

Pour ne pas vous sentir frustré par cette divergence de points de vue, je ne saurais trop vous recommander de faire les choses pour vous, et non pour eux. Je m'explique :

Tous les êtres qui tiennent une place importante dans notre existence posent problème. Il n'y a pas d'amour sans nuages, pas d'enfants sans soucis, pas de vie sans parents qui prennent de l'âge et que nous voyons avec peine ne plus être ce qu'ils étaient. Sur le long terme, toute relation humaine engendre certains désagréments. Mais elle procure toujours des satisfactions. Nous sommes tous suffisamment égocentriques pour fuir les situations au bilan totalement négatif.

Si nous nous occupons de nos vieux parents, ce n'est donc pas strictement par obligation envers eux, nous y trouvons aussi notre compte. Satisfaction du devoir accompli, du respect de la solidarité. C'est très important de se sentir à l'aise dans ses baskets d'enfant reconnaissant ; très désagréable, de culpabiliser à longueur d'année en sachant plus ou moins consciemment qu'on se comporte mal vis-à-vis de son vieux Papa ou de sa vieille Maman !

Si vous appartenez, comme moi, à la race des « culpabilisants » — à ne surtout pas confondre avec les « coupables » ! — qui se reprochent sans cesse de ne pas en faire assez vis-à-vis des êtres vivant dans leur galaxie[1], servez-vous de vos aînés pour vous procurer des grandes rasades de bonne conscience. Loin d'attendre qu'ils vous en soient reconnaissants, c'est vous qui aurez l'impression d'y gagner en leur rendant enfin la monnaie de leur très ancienne pièce !

Respecter les différences

Vous vous montrerez alors capables d'encaisser les rebuffades que vous réservent, souvent sans s'en rendre compte, vos vieux parents. Croyant bien faire, vous tombez si souvent à côté de leur plaque ! Ils sont les premiers à se plaindre de ces incompatibilités d'humeur et d'emploi du temps :

> *« Ma fille me rend visite une fois par semaine. Elle a ses idées, moi les miennes. Cela me rendrait service qu'elle me conduise à l'hospice où se trouve mon mari (handicapé par la maladie de Parkinson), mais elle me le propose rarement. Ou alors elle débarque en disant : "Allez, vite, je t'emmène", mais moi, il me faut du temps pour me préparer.*

1. Les « culpabilisants » les plus gravement atteints en arrivent même à se sentir en faute et à culpabiliser vis-à-vis de leur chien, de leur chat, de leur canari ou de leur poisson rouge. Tout ce qui vit a le mystérieux pouvoir de leur « pomper l'air » !

Elle repart et nous sommes toutes deux en colère... » (Luce, quatre-vingts ans.)

Différence de rythmes : les aînés vivent *lentement*, chaque geste leur demande plus de temps qu'à nous, il faut savoir marcher à leur pas, adapter notre tempo au leur. L'inverse est impossible.

« *Mon petit-fils est très gentil, il vient souvent en sortant de son travail. Comme il finit très tard, je suis souvent en train de dîner en regardant "La Roue de la fortune". Ça me dérange plus que ça ne m'arrange de le voir ainsi débarquer sans prévenir.* » (Fernande, quatre-vingt-deux ans.)

Différence de préoccupations : dans l'univers plus restreint des aînés, les habitudes revêtent une importance que nous ne leur accordons pas. Il ne faut pas se vexer s'ils refusent de les modifier en notre honneur ; ils n'ont plus les mêmes références.

« *Le samedi, ma petite-fille vient me chercher pour m'emmener déjeuner chez elle. Nous sommes très nombreux autour de la table. Souvent, ce brouhaha me fatigue. Après le déjeuner, je m'installe dans un fauteuil et n'en bouge plus. Chez eux, il n'y a rien à regarder en dehors du jardin. Chez moi, je m'assieds devant la fenêtre et j'observe ce qui se passe dans la rue.* » (Jeanne, quatre-vingt-deux ans.)

Différence d'environnement : ce qui nous amuse les fatigue, ce qui nous repose les ennuie. Souvent, nous pensons faire plaisir aux aînés en nous efforçant de les intégrer dans notre milieu familial, alors qu'ils se sentent bien plus à l'aise dans leur propre univers.

> « *L'autre jour, mon fils m'a apporté le dernier Goncourt. J'ai regretté qu'il ait dépensé tout cet argent pour un livre que je ne lirai pas. Au club du troisième âge, la bibliothécaire m'a dit que l'histoire était un peu difficile à suivre et qu'elle ne m'intéresserait pas.* » (Paul, quatre-vingt-un ans.)

Différence de personnalités : les enfants voient leurs parents âgés comme « le Papa et la Maman de leur jeunesse + quelques années » ; or, avec le temps, les préoccupations, les goûts, les activités se modifient du tout au tout. Nous avons affaire à quelqu'un d'autre dont nous devons réapprendre les besoins, les centres d'intérêt, les comportements.

Ce dernier point est fondamental. Bien des difficultés psychologiques avec nos vieux parents en découlent. Tant que nous invoquons le passé pour juger du présent, la comparaison ne peut être que décevante. Notre Papa ou notre Maman d'aujourd'hui ne peuvent plus être conformes à ce qu'ils incarnent dans nos souvenirs. En les regardant avec notre regard d'hier, nous ne pouvons que les trouver moins bien et souffrir de ce déclin. En revanche, nous pouvons découvrir dans leur courage ou leur fragilité de nouvelles raisons de les aimer et de les protéger.

Je me souviens, Mamie, de ta beauté. Prodigieuse à trente ans, éblouissante à quarante, étonnante à cinquante, tu étais encore remarquable à soixante-dix, impressionnante à quatre-vingts ans. Quelques mois avant ta mort, tu faisais toujours l'admiration des infirmières qui venaient te soigner. Les traits d'une régularité absolue, comme les tiens, ne se désagrègent jamais en dépit de l'âge et des rides. Les minois s'effondrent, les structures d'un beau visage résistent. Ayant toujours admiré cette harmonie, j'ai profité jusqu'au bout du spectacle de ta beauté, tandis qu'une de mes sœurs, s'accrochant à l'image d'une jeune mère adorée, a beaucoup souffert de te voir perdre au fil des ans ta splendeur d'antan.

Oublier le regard du passé

Ce qui est vrai pour l'apparence vaut aussi pour le caractère. Un fils se révolte :

> *« Quand je pense à l'activité prodigieuse que déployait mon père il y a encore trois ou quatre ans, à sa curiosité intellectuelle, je n'arrive pas à admettre qu'il puisse ainsi rester assis des après-midi entiers dans son fauteuil sans rien faire. Ce n'est plus lui, ce n'est plus mon père ! »*

Pour tenter de remettre en marche, au rythme de jadis, ces personnages tutélaires, on voit alors la famille houspiller les aînés, leur faire honte, les « secouer » physiquement et moralement. Obstination puérile, comportement nocif qui chagrine les parents sans pour autant consoler les enfants.

Loin d'être un handicap, l'absence de passé commun peut parfois constituer un atout. Ainsi certaines belles-filles qui s'occupent de leurs beaux-parents entretiennent souvent avec leurs aînés par alliance de meilleures relations qu'avec leurs propres parents. Sans doute parce qu'elles n'ont pas de passif ni de comptes affectifs à régler avec eux sur le tard. Ces contentieux sont comme les rhumatismes : il vaudrait mieux les soigner quand on est jeune, pour éviter qu'ils ne vous fassent souffrir en vieillissant !

Organiser un réseau d'information

Beaucoup de professionnels du troisième âge jugent sévèrement le comportement des familles vis-à-vis des aînés. Ils dénoncent surtout leur manque de cohésion et de communication : faute de se tenir au courant les uns les autres, frères et sœurs, enfants et petits-enfants entretiennent la pagaille et gaspillent beaucoup de temps et d'énergie.

Il faut d'abord admettre qu'à partir d'un âge certain, les aînés ne sont plus fiables. Leur mémoire flanche, elle devient totalement subjective. Ils ne disent pas tout, et ce qu'ils disent n'est pas forcément vrai. Le circuit d'information ne peut plus passer uniquement par eux. Il devient nécessaire d'instituer des réseaux de décision et d'organisation dont ils n'occupent plus le poste de commandement.

Plus les années passent, plus ces relais doivent se mettre en place. Il convient alors de savoir renouer entre frères et sœurs, cousins et cousines, des fils distendus par la logique de la vie. Le jour où ses vieux parents ne sont plus en état de partir seuls passer les mois d'été dans leur maison à la campagne, tel frère qui ne voyait pour ainsi dire plus ses deux sœurs devra décrocher son téléphone pour organiser le temps des « vacances ». Faut-il faire migrer les aînés avec soi vers des villégiatures inconnues où ils risquent de se sentir dépaysés ? Faut-il se relayer dans leur maison des champs habituelle pour veiller à tour de rôle sur la bonne marche de leurs derniers beaux jours ? Autant de possibilités à mettre en délibération en prenant l'avis des aînés, bien entendu, mais en sachant qu'ils ne peuvent plus être les seuls à se prononcer.

Ces retrouvailles fraternelles autour des problèmes des vieux parents ne se passent pas toujours — ou faut-il dire pas souvent ? — dans l'harmonie et la bonne volonté. La répartition des tâches, des charges, des responsabilités respecte si rarement les principes de l'égalité et de la justice ! Comme toujours, les « je-suis-complètement-débordé » se déchargent sur les « je-pourrai-me-débrouiller ». Ces derniers, bien braves, préfèrent se faire avoir plutôt que de faire des histoires. Les aides dispensées par les uns et les autres n'ont aucun lien direct avec leurs véritables disponibilités, qu'il s'agisse de donner à ses vieux parents de son temps ou de son argent !

Ayant déjà largement traité ce problème des relations financières au sein de la famille dans un précédent livre, je n'y reviendrai pas longuement.

Pour ceux, nombreux — ou, plus exactement, trop nombreux à mon goût ! — qui ne l'auraient pas encore lu, je rappellerai trois évidences :

1) Nous serons appelés de plus en plus souvent à aider financièrement nos vieux parents. Pas à les prendre complètement en charge, mais à compléter leurs revenus et leurs pensions pour qu'ils puissent bénéficier d'aides et de soins qui ne sont pas tous, loin de là, pris en charge par la collectivité. Cette contribution destinée à remédier à leur dépendance sera encore plus « chère » pour les jeunes adultes du XXIe siècle.

2) Au sein des fratries, les contributions de chacun donnent lieu, la plupart du temps, à des discussions sordides. Pour éviter de « marchander » ainsi avec ses frères et sœurs, il arrive souvent qu'un des enfants prenne à sa charge une part plus lourde que les autres. Soit parce qu'il en a les moyens, soit parce qu'il est naturellement plus généreux ou moins intéressé. Cette inégalité semble assez bien supportée par les autres membres de la famille qui ont tendance à « oublier » totalement le passé récent au moment... du règlement de la succession !

3) La seule façon de ne pas laisser les problèmes d'argent gâcher la fin de vie de beaucoup d'aînés consisterait à supprimer l'héritage. Rassurez-vous, il n'en est pas question, l'immense majorité des gens ne partageant pas du tout mon

opinion sur ce point ! J'ai donc entendu, au cours de mon enquête, de sinistres histoires de fric. Tellement mesquines ou minables qu'il vaut mieux les taire pour ne pas désespérer définitivement les cheveux blancs qui liront ce livre. Dans chaque fratrie ou presque, des moutons noirs attendent sans vergogne le petit ou gros magot que la loi leur garantit. Une loi qui ne se soucie que d'égalité théorique entre les enfants, non d'amour donné et partagé avec les parents.

Ce qui est vrai au sein de la première génération de descendants l'est également à la deuxième. Certains petits-enfants adultes s'occupent avec tendresse, intelligence et dévouement de leurs grands-parents très âgés ; d'autres les laissent totalement tomber. Ils ne retrouvent leur place au sein du groupe familial, installés aux premiers rangs à l'église, au temple ou à la synagogue, qu'au jour de l'enterrement...

Cet événement, tout le monde y songe à partir d'un certain âge ; mais rares sont ceux, aînés ou grisonnants, qui osent l'évoquer.

Pourtant, on ne peut pas vieillir sans finir par mourir !

IX

Le « cinquième âge »

En un premier temps, dans notre langage commun, nous avons remplacé *« vieillesse » par « troisième âge »*, celui de la retraite.

Ce troisième âge se caractérise tout à la fois par la cessation de l'activité professionnelle et par une inversion des rôles avec les enfants devenus adultes, qui entrent « enfin » pour de bon dans leur deuxième âge. Peu à peu, cependant, ledit troisième âge a pris des dimensions démesurées. En fait, il a surtout recouvert d'un même terme des situations fort différentes. Qu'y a-t-il de commun, hormis peut-être la date de naissance, entre un sportif de soixante-dix ans, vivant en couple une retraite confortable, inscrit dans une université du troisième âge, et une pauvre septuagénaire solitaire et souffreteuse qui n'a même plus l'énergie de se rendre dans son club du même nom[1] ?

1. Personnellement, dans mes conférences et mes articles, j'utilise la notion de 2e âge 1/2 pour définir les grisonnants hyperactifs qui ont encore des vies de « jeunes », mais déjà l'état civil de « vieux ». Néanmoins, je ne suis pas encore parvenue à l'imposer aux socio-penseurs.

Longévité aidant, pour la commodité des classifications sociologiques, nous avons donc inventé le *« quatrième âge »*, celui où interviennent une diminution sensible des capacités physiques et intellectuelles — plus ou moins rapide selon le tempérament de chacun —, une perte progressive de l'autonomie et une augmentation corrélative de la dépendance.

Mais cette notion de *« quatrième âge »* semble encore trop vaste. Elle ne prend pas en compte les tout derniers temps de la vie : ces jours, semaines, mois, années (hélas, parfois !) où le contact se perd avec l'entourage, où la pente se descend très vite, où l'on sait qu'elle ne pourra plus être remontée. Pour désigner cette fin de parcours, je propose donc d'adopter un ultime concept, celui de *« cinquième âge »*.

Ce cinquième âge des petits parents est le plus difficile à vivre pour les grands enfants. D'autant plus qu'il est tout à fait impossible d'en prévoir l'avènement et d'en connaître la durée. Certains *aînés* ont la chance d'y échapper : leur vie s'interrompt brutalement sans crier gare, comme s'ils avaient oublié de se réveiller pour faire leurs adieux. D'autres, au contraire, attendent interminablement que le rideau se baisse, espérant, ou désespérant, (qui peut le dire, puisqu'eux-mêmes ne sont plus assez « présents » pour s'exprimer ?) de voir le bout du chemin.

La terrible maladie d'Alzheimer, qui désintègre progressivement mais irrémédiablement les facultés de ceux qui en sont victimes, est la façon la plus terrible d'entrer dans le cauchemar de la grande sénilité. Enfer un tout petit peu moins inhumain pour l'entourage depuis qu'on ose parler sans honte de cette maladie quand elle vient à frapper l'un des siens. N'oublions pas qu'il s'agit là d'une « franchise » très récente : avant Rita Hayworth, on cachait les Alzheimer comme si leur drame représentait une tare dont la malédiction retombait sur le groupe familial tout entier.

Les drames de la grande sénilité

Parfois, la sénescence provoque des situations insupportables ; le vieillard peut devenir violent, libidineux, aliéné, fugueur, dangereux pour l'équilibre psychique de ceux qui l'entourent. Il dit et fait n'importe quoi ; ou plutôt, ne dit-il et ne fait-il pas précisément tout ce qu'il faut pour éveiller autour de lui des conflits ou des angoisses liés à certains événements passés ? Dans son livre sur le grand âge, Jean Ormezzano parle fort bien de ce qu'il appelle une « névrose familiale sénile[1] » :

1. Jean Ormezzano, *« Le Grand Age de nos proches »*, collection « Réponses » dirigée par Joëlle de Gravelaine, Robert Laffont, 1985.

« On trouve de telles évolutions dans des familles en apparence paisibles où, justement, les conflits étaient rarement exprimés. On ne s'y battait qu'à bas bruits. De tels vieillards délirants peuvent apparaître comme pervers... Autour d'eux, on finit par se battre pour de vrai... »

Jean Ormezzano se demande comment faire face à une telle situation. Ses conseils courageux risquent de paraître un peu scandaleux aux yeux des tenants d'une certaine morale traditionnelle ; pourtant, ils me semblent *justes*, au vrai sens du mot, parce qu'ils prennent en considération les droits de tout un chacun, et pas seulement ceux des aînés :

« La fermeté dans les relations, une certaine distance ne sont pas à exclure. ***Être vieux ne donne pas tous les droits, et surtout pas celui de détruire ses enfants et de tyranniser tout le monde.*** *Personne n'est obligé d'aimer tous les membres de sa famille... Si vous avez le sentiment que votre parent âgé vous aime trop, ou mal, ou pas du tout, rien ni personne ne peut vous obliger à l'aimer malgré vous, ni ne doit vous empêcher de couper les ponts pour sauver votre vie personnelle... Dans un tel enfer, pourquoi s'obliger à tout sacrifier à un être qui vous indiffère,*

alors que vous n'avez encore que quelques décennies peut-être à vivre ?... On ne comprend rien à cet échange d'agressivité, à cette détérioration du contrôle de l'affectivité si on n'y voit à chaque instant s'y profiler l'angoisse de mort... »

Quand la vie dure trop longtemps

Quand le cinquième âge rend l'issue inexorable, la mort devient de plus en plus omniprésente dans les pensées et les réactions de chacun — les nôtres comme celles de nos très vieux parents. En regardant se désintégrer ses proches, on ne peut parfois s'empêcher de trouver que l'existence dure trop longtemps.

Je vous choque ? Je ne fais pourtant qu'écrire ici « tout haut » ce que chacun pense tout bas. Il nous est arrivé à tous, dans notre for intérieur, d'invoquer la mort-délivrance, de regretter certains progrès médicaux qui prolongent ce qui n'est déjà plus une vie.

Une commerçante me raconte que son beau-père n'en finit pas de mourir. Grabataire depuis bientôt deux ans, il refuse de s'alimenter, de se lever, de parler, de participer à quelque activité que ce soit. Il ne survit que parce qu'on le gave de force d'une sorte de bouillie hyper-calorique qui, sous un volume minuscule, suffit à assurer ses fonctions vitales :

« Mon mari va voir son père presque tous les jours. Chaque fois, il revient bouleversé. Il a l'impression que le regard du vieil homme change un peu quand il s'approche de son lit, ce qui prouverait qu'il n'est pas complètement absent. D'un autre côté, c'est horrible de voir cet être recroquevillé sur lui-même, méconnaissable, acteur et victime de sa propre destruction.

« Franchement, nous ne savons plus que penser. Nous n'arrivons pas à admettre qu'on puisse ainsi faire durer indéfiniment, comme malgré lui, son agonie. Car c'est bien d'une agonie qu'il s'agit, puisqu'il a décidé, depuis longtemps déjà, de ne plus se battre. D'un autre côté, il est impensable de le laisser mourir de faim en arrêtant de le soigner. Notre attitude vis-à-vis des professionnels qui s'en occupent est très ambiguë. A la fois, nous leur sommes reconnaissants du mal qu'ils se donnent, et nous leur en voulons de prolonger la vie d'un homme qui semble lui-même ne plus en vouloir. »

Un exemple parmi des milliers. Dans chaque hôpital, chaque maison de retraite, chaque village, on m'a cité des cas similaires d'éternels mourants qui attendent que leur cœur veuille bien cesser de battre. Souffrent-ils de cette attente ? Préféreraient-ils qu'on les aide à en finir ?

Quand je t'ai vue, Maman, toi si forte, si active, si fière de ta personne, perdre peu à peu la maîtrise de tes idées ; quand je t'ai vue, en rupture d'équilibre, ne plus pouvoir te déplacer sans assistance ; quand je t'ai vue hésiter sur les gestes les plus simples d'un quotidien que tu dominais si efficacement jadis ; quand tu as commencé à perdre le contrôle des fonctions naturelles les plus essentielles à ta dignité, j'ai souvent pensé en moi-même que ce *« cinquième âge »* aurait dû t'être épargné. Mais on ne choisit ni le jour ni l'heure !

Le dernier cadeau de mon père

Papa a eu la chance de traverser très vite cette antichambre de la Camarde. Son grand déclin physique n'a duré que quelques mois ; quant à son cerveau, il a tenu bon jusqu'au dernier moment. La veille de sa mort encore, nous avons eu une conversation d'une cohérence et d'une actualité remarquables :

— *Je suis fatigué, Christiane, je crois que*

je ne resterai plus très longtemps. Je pense mourir bientôt.

— Voyons, Papa, ne dis pas des choses comme celles-là. C'est un moment de fatigue, dans quelques jours il n'y paraîtra plus.

— Non, non, pas de faux-semblants entre toi et moi, inutile de jouer la comédie. Tu sais bien que j'ai raison, je vais mourir et je suis content de pouvoir en parler avec toi. Ta mère aurait trop de chagrin si je lui disais mon désir d'en finir.

Vingt ans déjà ! Chaque fois que je repense à cette dernière conversation que nous avons eue, tous les deux, après un dîner auquel tu n'avais pour ainsi dire pas touché, avec ton air si fatigué, je te remercie, Papa, de cette ultime marque d'estime et de confiance que tu m'as accordée avant de nous quitter. En parlant avec moi de ta mort prochaine — elle est intervenue la nuit même —, tu m'as fait l'honneur de me juger digne d'aborder ce sujet sans sensiblerie ni simagrées. Sans doute est-ce parce que nous avions toujours partagé une même passion pour ce qui se passe ici-bas, un même désintérêt pour ce qui arrive après.

Quelques heures plus tard, alors que tu sentais ton cœur ne plus tenir qu'à un fil, tu m'as demandé de te tenir la main et de te sourire pour t'aider à attendre l'arrivée de tes garçons à qui tu voulais dire adieu. Les deux heures de route entre Paris et la Normandie, où tu agonisais, ont dû paraître terriblement longues à mes frères. A moi, elles ont semblé si courtes ! J'aurais tellement voulu prolonger indéfiniment ce moment d'amour total où je sentais ma main retenir la tienne avant qu'elle ne retombe irrémédiablement, froide et inerte. A cet instant-là, je n'étais même pas triste, j'étais bien au-delà du chagrin, dans la fascination du mystère de la vie et de la mort.

Quel trésor je porte en moi depuis que, ce soir-là, tu m'as offert de partager l'intimité et la tendresse de tes derniers instants. Personne ne t'a volé ta mort, Papa, personne ne t'a empêché de m'en faire cadeau. Au magasin de mes beaux souvenirs, elle est rangée juste à côté de la venue au monde de mes enfants. Cette proximité ne me gêne en rien, au contraire, naissances et morts se complètent en se chargeant mutuellement de signification.

Quelques heures avant ta fin, j'ai retrouvé auprès de toi, Maman, cette même paix. Ton « cinquième âge » avait été plus difficile et beaucoup plus long que celui de ton mari ; nous appréhendions de te voir souffrir physiquement. Heureusement, les soins dont tu as pu bénéficier t'ont évité d'être blessée dans ce dernier combat.

Dans le silence et le calme de ta chambre aux volets déjà mi-clos, où seul le râle de ta respiration courte indiquait que tu n'étais pas en train de dormir, mais de mourir, j'ai pu longuement tenir et caresser ta main entre les deux miennes. Tu semblais ne plus être là, déjà ; pourtant, j'avais l'intime certitude de t'accompagner, de t'aider, par ce contact, à trouver le grand repos.

Ces quelques instants que nous avons pu, chacun à notre tour, passer seul avec toi, nous ont convaincus qu'il existe un moment de profonde communion entre un mourant et ceux qui l'entourent. Moment d'exceptionnelle intensité pour celui qui part, sans doute ; pour ceux qui restent, sûrement.

Rompre le silence qui entoure la mort

Pourquoi vous raconter ainsi l'agonie de mes deux parents ? D'abord pour briser l'absurde silence qu'entretient notre société autour de la mort. Ayant rompu avec les rituels religieux qui entouraient les agonisants, n'ayant plus guère de réponse à proposer à ceux qui s'interrogent sur le sens de ce plus ou moins long basculement hors de la vie, on en est venu à priver chacun du droit de prendre le temps de mourir. Il n'y a plus de *« mort naturelle »* : on a transformé les mourants en malades en confiant aux seuls personnels médicaux le soin de veiller sur eux.

J'ai tout à fait conscience d'avoir été privilégiée en restant au chevet de mes parents dans les tout derniers instants de leur vie. Tous deux sont morts de vieillesse, d'usure, d'avoir vécu assez longtemps avant que leur machine ne s'arrête. Je ne les ai vus ni souffrir, ni se révolter. Des professionnels admirables nous ont aidés à les accompagner en leur épargnant les grandes détresses physiques ; ils ne les ont pas « sauvés » malgré eux, ils n'ont pas non plus précipité l'échéance. Grâce à eux, j'ai compris qu'il fallait tout faire pour permettre au plus grand nombre de gens possible de quitter la vie dans un cadre familier, en encourageant leurs proches à escorter leur départ.

Le droit à l'intimité finale

Nous sommes bien loin de respecter ce droit à l'intimité finale. Quand on interroge les individus des troisième et quatrième âges sur leur volonté des derniers moments, 75 % disent qu'ils espéreraient mourir chez eux. 70 % des gens meurent à l'hôpital[1].

1. Enquête du Comité national des retraités et personnes âgées, 1987.

Oui, c'est compliqué ; oui, c'est cher ; oui, c'est rare de mourir chez soi ! Il faut beaucoup d'argent pour avoir le privilège de ne quitter son domicile que les pieds devant. C'est presque devenu un luxe.

Une femme-cadre, parisienne, dont les parents ont choisi de finir leur vie à plus de sept cents kilomètres de la capitale :

> *« Maman a été veillée jour et nuit, toute la semaine, le dimanche compris, pendant plus de trois mois avant de mourir. Comme il n'était pas question de pouvoir rester constamment auprès d'elle à l'autre bout de la France, nous avons été obligés de faire appel à des gardes professionnelles qui se relayaient : une le jour, l'autre la nuit ; plus une équipe tout à fait différente pendant le week-end (inutile de préciser que les tarifs du dimanche sont de 50 % plus élevés que ceux des autres jours). Une ruine qui nous a coûté près de 10 000 francs par mois, sans compter toutes les autres dépenses — loyer, frais médicaux, nourriture, etc. Comme sa pension de réversion avoisinait les 10 000 francs par mois, Maman n'avait droit à aucune aide particulière de la municipalité. Comment voulez-vous, dans ces conditions, que l'on ne retrouve pas tous les vieillards en*

train de s'éteindre dans les services hospitaliers ? »

Une jeune interne aux urgences dans un hôpital des Yvelines confirme :

« *Tous nos lits sont encombrés par les vieux. L'autre jour, j'ai failli ne pas pouvoir hospitaliser un infarctus grave, car je n'avais plus d'endroit où le mettre. Nous en venons quelquefois à téléphoner aux médecins généralistes des environs en les menaçant de leur renvoyer leurs malades vraiment graves s'ils continuent à nous adresser les pépés qui pourraient parfaitement "clapoter" dans leur lit, pas dans les nôtres !* »

Langage sans nuances de carabin excédé, mais paroles de vérité ! Il est proprement inadmissible de transformer les hôpitaux en hospices de la dernière heure. Chacun de nous souhaite mourir dans son propre lit, mais notre système social n'a rien prévu pour accéder à cette dernière volonté. Quand on sait le prix de la journée d'hospitalisation dans un établissement de l'Assistance publique, on se dit que le système ainsi perpétué est non seulement inhumain, mais budgétairement absurde.

Les pouvoirs politiques et les « organismes sociaux » devraient comprendre qu'il vaut mieux aider — un peu — les familles plutôt que de ruiner — beaucoup — la collectivité. Mais même si rien ne change et si le prix à payer reste presque intégralement à la charge des particuliers, dans nombre de familles, l'argent existe : il suffirait tout simplement de dégager les sommes déraisonnables englouties dans les enterrements et dans les édifices funéraires pour en faire bénéficier les moribonds. Ça ne ferait les affaires ni des pompes funèbres, ni des marbriers, mais qu'importe ! Le culte ostentatoire des morts ne vous semble-t-il pas infiniment moins essentiel que le respect des vivants, tant qu'ils sont vivants ?

Trois étoiles pour le dernier voyage

Trop petits, mal conçus pour accueillir une garde à demeure, les logements des aînés ne permettent pas toujours d'organiser les tout derniers instants dans de bonnes conditions matérielles. Pourquoi alors ne pas multiplier des lieux d'accueil, à l'exemple de certaines cliniques anglaises, où l'on puisse se faire transporter pour échapper à l'horreur de l'hôpital au moment de mourir ? Il existe déjà quelques établissements expérimentaux de ce type, dont tous les médias nous ont vanté les qualités. Dans une atmosphère de recueillement et de sérénité, on permet aux familles d'y entourer l'agonisant comme jadis les moines et les nonnes veillaient l'un des leurs aux portes du Paradis.

Ces « trois étoiles » pour le dernier voyage vont forcément se multiplier, pour la simple raison qu'ils correspondent à une très forte demande des « consommateurs ». Ne prenez pas des airs scandalisés parce que je parle ici d'agonie en termes de marché ! Toutes les péripéties de la condition humaine ont un poids économique : la naissance, l'amour, le mariage, la maladie « profitent » aux entrepreneurs les plus futés. Pourquoi pas la mort ? Surtout si la fortune des uns procure une meilleure qualité de fin de vie aux autres.

On pourrait concevoir une assurance spéciale qui permettrait de s'offrir, le moment venu, une mort naturelle à domicile, ou à tout le moins hors de l'hôpital. L'important étant de ne pas en imposer la charge à ses descendants, mais d'en passer commande alors qu'on est encore apte à l'organiser et la financer.

Personnellement, je ne vois pas d'inconvénient à contracter une assurance « obsèques », comme on me le conseille régulièrement à la télévision, mais je me sens bien plus « motivée » à l'idée de dépenser mes sous pour la veille du Grand Jour plutôt que pour le lendemain !

Les suicides de cheveux blancs augmentent

Dans ce même registre du droit de chacun à disposer de sa mort, on ne peut parler du « cinquième âge » sans souligner le taux croissant des suicides parmi les cheveux blancs. En nombre, ils viennent désormais juste après les suicides d'adolescents. Il semble que les vieux aînés mettent fin à leurs jours moins par peur de la souffrance physique que par hantise de la déchéance.

Montherlant et Romain Gary sont évoqués parmi les exemples les plus célèbres de ces fins volontaires. Arthur Koestler et sa femme ont également choisi de partir le même soir, en buvant le même breuvage. Désormais, on enregistre des cas semblables dans toutes les couches de la société et dans tous les pays occidentaux. L'opinion n'ayant pas encore tout à fait admis ce droit de chacun à mettre un terme à sa propre existence, ces suicides sont souvent maquillés en morts « naturelles ». Mais ne peut-on considérer comme tout à fait « naturel » de souhaiter abréger ses jours quand la suite de sa propre histoire fait peur ou n'intéresse plus ?

J'ai connu très intimement un vieux monsieur qui s'est récemment suicidé. Il ne supportait pas l'idée de la déchéance physique et a préféré tirer sa révérence à quatre-vingts ans. Je me souviens d'avoir dit à sa veuve, qui lui en voulait de l'avoir ainsi *abandonnée*, que ce geste représentait à mes yeux un acte d'amour, puisque lui, à l'inverse, n'avait pas voulu l'*encombrer*.

Je ne crois pas avoir jamais le désir d'en faire autant — le moindre rayon de soleil, le moindre sourire d'enfant suffisent à fortifier mes raisons de vivre ! —, mais si je devais un jour ne plus représenter pour mes enfants et leurs enfants qu'un « poids mort » sans plus aucune contrepartie de joies, j'aimerais bien m'autoriser moi-même à couper le contact.

Une décision superbe quand on a le panache de la prendre et de l'exécuter seul, en toute connaissance de cause, mais qu'il est inhumain de demander à des enfants d'assumer.

Voilà bien la plus formidable leçon que je puis tirer, Maman, de tous ces moments à la fois douloureux et dignes que nous avons partagés : c'est qu'il faut s'efforcer de vieillir, puis de mourir le mieux possible, et que pour réaliser cet ambitieux programme, il est indispensable de s'en occuper très longtemps à l'avance !

Maintenant que tu as fini d'être aînée, mon tour est venu de tenir le rôle. Je me rends compte que j'ai sacrément du pain sur la planche pour les trente années à venir !

X

Les chances de bien vieillir

Avons-nous une chance de vieillir dans de meilleures conditions que nos parents ? Telle est la question qui nous obsède quand nous côtoyons les soucis et regrets de nos proches cheveux blancs.

Tout d'abord, une évidence : nous vivrons plus longtemps que la génération d'au-dessus et sans doute un peu moins longtemps que celle qui nous suit[1]. Cette loi générale souffrira d'innombrables exceptions. Un accident de la route pourra, dès trente ans, faire avaler son bulletin de naissance à un solide « vieillard en perspective ». A l'inverse, une nouvelle thérapeutique pourra redonner des lustres de vie à de jeunes malades aujourd'hui condamnés. Faisons néan-

1. Selon les gérontologues, cet étirement de la longévité ne pourra être indéfini. Au-delà de **cent vingt-cinq ans**, Mathusalem mis à part, il semble peu probable que nous puissions jouer les prolongations. Les Français ayant gagné entre cinq et six ans d'espérance de vie dans les trente dernières années, un peu plus de deux siècles seraient nécessaires pour parvenir à ce maximum. Voilà qui laisse aux chercheurs des délais plus que confortables pour découvrir le secret du docteur Faust.

moins confiance aux démographes qui nous promettent que l'avenir ajoutera des années à notre vie et occupons-nous activement, selon la formule désormais classique, d'ajouter de la vie à ces années gagnées.

A condition de le vouloir et de nous y atteler, disposerons-nous d'atouts nouveaux pour *repousser* — attention : repousser, pas éviter complètement, ce serait stupide de le croire ! — les misères et les renoncements liés au dernier quart-temps ?

La réponse est **OUI**, sans hésitation. Pour une raison évidente que vous avez souvent entendu énoncer : **tant qu'à être vieux, mieux vaut être bien portant, riche et intelligent que bête, pauvre et malade**. Boutade humoristique, certes, mais description exacte de la situation dans laquelle nous nous trouvons. Par rapport à la génération de nos grands-parents et de nos parents, nous sommes assurés que, collectivement :

Nous serons plus riches

Au cours des quarante dernières années, le niveau de vie d'un individu moyen du monde occidental a été multiplié par 3,5. Cet enrichissement nous a bien plus profité qu'à nos parents. Après avoir subi deux guerres et traversé des crises économiques pendant leur vie active, nos aînés n'ont connu le *boom* de la société de consommation qu'en fin de parcours.

> *« Au même âge, les « vieux » d'aujourd'hui sont beaucoup plus riches que leurs prédécesseurs, mais beaucoup moins que leurs successeurs... L'effet de génération continuera d'accroître le pouvoir d'achat des consommateurs âgés*[1]. »

Un exemple caractéristique de cet enrichissement : parmi les plus de soixante-quinze ans actuels, on en compte peu qui soient propriétaires de leur résidence principale. Surtout, rares sont ceux qui ont accédé à la propriété grâce au revenu de leur travail. La plupart des maisons qu'ils possèdent leur ont été léguées. Quand ils étaient citadins, nos parents louaient leur appartement, ils avaient rarement les moyens — non plus que le désir — de vivre sous un toit qui leur appartenait, surtout quand un seul salaire devait permettre d'élever plusieurs enfants. Bien des difficultés de logement qui empoisonnent présentement leurs fins de vie viennent de là. Logements inconfortables, sans ascenseur, isolés, mal situés par rapport au domicile des enfants, trop vastes quand on se retrouve veuf/veuve, mais que l'on

1. Michel Cicurel, *« La Génération inoxydable »*, Grasset, 1989.

n'ose pas quitter de peur d'affronter le secteur des loyers libres.

Les aînés de demain aborderont plus souvent le troisième âge entre leurs quatre murs. S'ils veulent absolument rester dans leur maison de toujours, même si elle est trop grande et que les charges en sont trop lourdes pour leurs budgets vieillis, il leur restera toujours la ressource de la vendre en viager pour compléter leur retraite.

(A condition toutefois de trouver des acheteurs ! Avec l'allongement de la vie, le viager risque fort de perdre son attrait pour les acquéreurs. Une amie me raconte : *« Mes parents se sont acheté en viager un appartement dans le Midi en vue d'y prendre leur retraite. A l'époque de l'acquisition, ils approchaient la cinquantaine et leur vendeuse — qui avait de lourds antécédents cardiaques dans sa famille ! — allait fêter ses soixante-quinze ans. Aujourd'hui, ils sont à la retraite depuis cinq ans à Paris, et la chère dame vient de fêter ses quatre-vingt-quinze ans sur la Côte d'Azur. Je ne vous raconte pas le prix qu'ils auront payé, en bout de course, leur hâvre au soleil ! »*)

Par-delà cet accroissement du niveau de vie individuel, l'expansion économique entraînera une amélioration des équipements collectifs ; les personnes âgées en sont grandes utilisatrices. Surveillance et sécurité. transports en commun, propreté urbaine, promenades et espaces verts, bibliothèques, clubs du troisième âge, etc., font partie intégrante de leur qualité de vie. Les municipalités actuelles sont déjà aux petits soins pour leurs anciens, elles nous dorloteront encore mieux demain, nous dont le poids électoral ne cessera de grandir !

Certains s'affolent à l'idée de ne pas percevoir les retraites auxquelles ils estiment avoir droit après avoir cotisé — lourdement — pendant toute leur vie active. Sans doute remettra-t-on en question l'âge requis pour se retirer, ou plus exactement augmentera-t-on le nombre de trimestres nécessaire pour faire valoir ses droits au repos ; mais il paraît tout à fait improbable que les retraites puissent être purement et simplement supprimées. Les moins de soixante-dix ans auront peut-être des déceptions aux alentours de l'an 2000, mais les *septas* du XXIe siècle peuvent dormir tranquilles : on ne touchera pas financièrement à un seul de leurs cheveux blancs. Sinon, ce serait la révolution dans les urnes ! Qui oserait la déclencher ?

Nous serons mieux portants

Les progrès de la médecine et de la chirurgie ne sont plus à démontrer. Nos parents en profitent d'ores et déjà, mais beaucoup d'entre eux les ont découverts bien tard. Ils n'ont pu bénéficier dans la force de l'âge des mêmes précautions/réparations dont nous faisons désormais l'objet.

Beaucoup d'aînés subissent les séquelles d'affections autrefois courantes qui ont pour ainsi dire disparu. Combien trouvent difficilement leur souffle parce qu'ils ont eu les poumons rongés jadis par la tuberculose ? Combien ont été frappés par la poliomyélite et cumulent douloureusement les handicaps de l'âge et ceux de la maladie ? Tous ces maux nous ont été largement épargnés. Nos enfants ne connaissent leurs noms que pour qualifier des vaccins !

Grâce aux innombrables méthodes de diagnostic, à la diffusion de la prévention et à l'amélioration de l'information médicale, notre petite santé sera mieux surveillée que celle de nos parents ; nos chances de survivre en bon état de marche en seront augmentées.

La perte des dents, conséquence inéluctable du grand âge, ne nous sera pas épargnée, mais des traitements de plus en plus sophistiqués permettront de prolonger la dentition naturelle et d'éviter mille souffrances et désagréments que nos aînés ont dû subir. Nous dirons adieu à nos dents plus tardivement, en souffrant moins.

Que demander de plus pour faire face aux misères — petites et grandes — qui nous guettent ? Le plus tard possible et sans douleur : ce programme me convient, j'y souscris des deux mains !

D'une génération à l'autre, la différence d'approche des problèmes de santé est spectaculaire : nos aînés attendaient d'être malades pour se soigner, en espérant guérir ; de nos jours, on se soigne pour préserver au maximum sa santé dans l'espoir de ne pas tomber malade.

Nous serons plus intelligents

« Intelligents » n'est pas le bon mot, mais nous aurons à l'évidence plus d'« instruction » et de curiosité intellectuelle. Nos années d'études ont été plus longues, nous avons bénéficié d'un développement foudroyant de l'information, mais, surtout, nous avons participé à l'éveil culturel qui s'est réellement affirmé depuis vingt ans. Jadis réservée à une petite élite bourgeoise, l'habitude de lire, d'écouter de la musique, de s'intéresser aux arts plastiques, s'est propagée peu à peu dans toutes les couches de la société. Nous savons désormais que les facultés intellectuelles se développent à l'usage : plus on s'en sert, plus elles se fortifient ; elles ne risquent de s'user que si on les laisse en sommeil.

Les années passant, il est inévitable que la

mobilité se restreigne ; à ce moment-là, l'intellect doit pouvoir prendre la relève. A condition d'en avoir conservé le goût et l'habitude, il n'y a pas d'âge pour réfléchir et méditer.

Les mutations les plus spectaculaires viendront des femmes. Essentiellement occupées, pendant leur vie adulte, par les soins dispensés aux enfants et par les travaux domestiques, la plupart de nos mères n'ont guère eu de temps à consacrer aux choses de l'esprit. La plupart *étaient* ce qu'elles *faisaient* avec leurs mains et leur cœur ; leur tête comptait si peu dans l'idée qu'elles avaient d'elles-mêmes ! En prenant de l'âge, elles se sont trouvées de moins en moins à même de s'activer aux tâches matérielles, de moins en moins indispensables au bien-être de tous ; un grand vide s'est alors creusé, qu'elles n'ont su comment combler.

Maman avait beaucoup de mal à admettre cette « irresponsabilité ». Elle se plaignait parfois : *« Plus personne n'a besoin de moi, je ne sers plus à rien... »* Pour elle, une journée qui ne commençait pas par la confection des menus et les courses destinées à nourrir sa nichée était une journée privée de justifications. Dans le même ordre d'idées, malgré sa carte Vermeil et sa relative oisiveté, elle ne s'est jamais autorisée à aller au cinéma en plein après-midi. S'offrir un plaisir personnel et culturel aux heures actives lui semblait presque un péché !

La génération des grisonnantes d'aujourd'hui abordera le troisième âge dans des dispositions d'esprit différentes. Libérées par les machines des tâches ménagères les plus contraignantes, nous nous sommes autorisé des destins plus personnels. Survivant moins grâce à nos mains, nous avons pris l'habitude de vivre davantage avec notre tête. Quand s'envoleront nos forces, quand nos gestes perdront de leur précision, la dégradation nous paraîtra moins dramatique.

Déjà, dans les foyers-résidences que nous avons visités, les confidences des pensionnaires n'ont pas du tout la même coloration quand s'expriment les ex-femmes au foyer et les retraitées à part entière — fonctionnaires ou employées de jadis. Les premières gémissent et s'ennuient beaucoup, les autres s'occupent, s'intéressent et se plaignent peu.

Nos enfants, qui auront prolongé leurs études bien au-delà des nôtres et qui, contraints et forcés par les mutations du monde du travail, poursuivront leur formation tout au long de leur vie active, seront encore plus aptes que nous à ne pas laisser s'assoupir leur curiosité. On assiste à une prise de conscience collective de cette nécessité de ne pas glisser intellectuellement hors du temps : le succès des universités du troisième âge en est une preuve.

Pas forcément plus belles !

Il ne nous manquerait plus qu'une garantie de « belle gueule » pour voguer vers des derniers âges nettement plus toniques que ceux de nos vieux parents. Là pourtant s'arrête mon optimisme collectif, surtout pour ce qui concerne les femmes. En dépit des exhortations des médias, des objurgations des magazines féminins, des remontrances des médecins, nombreuses sont celles qui mettent délibérément leur beauté en péril.

Je vous étonne en disant cela ; vous aviez au contraire l'impression qu'encouragées par l'industrie florissante des cosmétiques, nos contemporaines déploient des efforts remarquables pour prolonger la jeunesse de leur *look* au-delà des anciennes limites. Combien, cependant, se préoccupent de l'immédiat mais sacrifient l'avenir au présent ? Je m'explique :

Le pire ennemi de notre apparence, dans les vingt/trente dernières années de notre vie, est le soleil ; il détruit les fibres de notre peau, creuse nos rides, déshydrate nos cellules, etc., etc. Ce que j'énonce là n'a rien de très original ; la presse féminine — et masculine — publie chaque printemps/été des mises en garde fort documentées sur les ravages de la bronzomanie. Or, la passion du hâle précipite sur le dos, plusieurs semaines par an, des millions d'hommes et de femmes, véritables cigales du vieillissement. Les risques d'être flétris comme de vieilles pommes quand ils auront les cheveux blancs n'arrêtent pas leur ardeur ; même les menaces de cancer de la peau les laissent indifférents[1].

Je commence à constater autour de moi les ravages de cet héliotropisme invétéré. Parmi mes amies qui n'ont plus du tout vingt ans, on repère dès le premier coup d'œil les adeptes des vacances-bronzing, les inconditionnelles des plages du Sud, celles qui, depuis trente ans, nous ont fait pâlir de jalousie, chaque année en septembre, avec leur teint de pain brûlé et leurs corps de Tahitiennes. Depuis quelques années, elles vont jusqu'à prolonger leur bonne mine douze mois sur douze sous des rayons artificiels, ces terribles U.V.A. encore plus dangereux pour la peau que l'astre lui-même.

Voilà pourquoi, malgré les liposomes miracles et les collagènes sophistiqués, je ne suis pas convaincue que nous saurons conserver des visages aussi étonnamment « frais » que les vôtres, Mamie et Dédée le jour de vos quatre-vingts ans. Vous les aviez soigneusement gardés à l'ombre dans

1. En Australie, pays de fort ensoleillement, le ministère de la Santé, préoccupé par la multiplication des cancers de la peau, a supprimé la T.V.A. sur les produits solaires « écran total » !

votre jeunesse ; au début du siècle, il est vrai, la blancheur du teint était considérée comme un signe distinctif d'élégance et de féminité.

Quelques bonnes résolutions

J'ai développé un peu longuement cette mise en garde anti-solaire parce qu'elle illustre la nouvelle attitude que nous pouvons adopter vis-à-vis de notre futur personnage d'aînés : un décapant cocktail de lucidité et de détermination.

La loterie physiologique est telle que nous ne pouvons absolument pas savoir ni quand, ni dans quelles proportions la sénilité nous délitera ; mais nous pouvons essayer de comprendre ce qui a gâché en bonne partie la vieillesse de nos parents, et chercher, pour ce qui nous concerne, les moyens d'y remédier. L'éternelle jeunesse n'existe pas, le mythe actuel des « retraités youpi » est parfois horripilant, avec sa façon de nier l'évidence. Non, nous ne resterons pas toujours en pleine forme, nous vieillirons comme nos parents, mais plus conscients qu'ils ne l'ont été de l'incroyable distance qui sépare la retraite de la mort, nous tenterons de tenir la route au volant de nos derniers âges, plutôt que d'encaisser par surprise les cahots de la sénescence.

Voici certaines réflexions en forme de bonnes

résolutions que je me suis faites en partageant pendant quelques années les réussites et déceptions des principaux personnages de ce livre. Quand ma mémoire flanchera encore plus qu'aujourd'hui[1], je compte sur ces pages pour me la rafraîchir, et sur ma chance pour être longtemps capable de les mettre en application !

Je m'efforcerai d'admettre que tout ne peut pas être *comme avant*, que tout n'était pas mieux *dans ma jeunesse*

Je me suis souvent demandé si la nostalgie des personnes âgées était un effet d'âge ou de génération. Regrettent-elles leur enfance en tant que telle, ou bien le monde dans lequel elle s'est déroulée ? Dans la première hypothèse, il n'y a pas grand espoir d'échapper à cette mélancolie des verts paradis. Dans l'autre, j'essaierai de me souvenir que nous n'avons pas eu, nous les femmes, à nous plaindre de l'évolution de la société dans la seconde moitié de ce siècle. Nous avons gagné sur tellement de tableaux (n'oublions

1. Pour l'instant, j'en suis au stade d'amnésie classique pour les plus de cinquante ans (quarante ?). J'oublie : les prénoms de la femme/du mari de mes amis/ies, les numéros de téléphone de mes intimes au retour des vacances, l'endroit où j'ai posé les objets usuels et indispensables — clefs, lunettes, agendas, porte-monnaie, papiers de la voiture, etc. Mon état, très agaçant mais pas « grave », semble relativement stationnaire !

pas la trilogie éducation/contraception/libération)! De notre part, il serait vraiment de mauvaise foi de gémir sur le « bon vieux temps ».

Attention : il ne s'agit pas de renier son passé, ni de faire preuve d'ingratitude envers sa propre jeunesse, mais d'éviter de se laisser enfermer dans ce piège qui consiste à se donner en modèle au lieu de se citer en exemple. On peut intéresser son entourage en narrant ses souvenirs, rendre service en racontant ses expériences, donner son avis — si on le demande ! —, mais en aucun cas pontifier au nom d'une sagesse garantie par la vieillesse.

Tu avais très souvent tendance, Mamie, à confondre tes certitudes avec des évidences ; tu assenais aux jeunes tes vérités en voulant les convaincre qu'il s'agissait de **la** vérité, si persuadée d'avoir raison que tu ne prenais même pas la peine d'écouter leurs objections ni de réfuter leurs arguments quand, par hasard, tu les laissais en placer une ! Une rigidité, par référence au passé, que l'on retrouve chez beaucoup d'aînés et qui rend leur fréquentation parfois fort irritante pour les jeunes adultes.

Nous n'aurons sans doute pas de mal à échapper à ce culte radoteur du « bon vieux temps », nous qui avons provoqué, accompli et apprécié tant de changements, de mutations et de remises en question dans nos façons de vivre et notre éthique personnelle. Nous, surtout, qui avons élevé nos enfants en leur donnant l'envie de chercher leur voie plutôt que l'ordre de suivre la nôtre.

Je tâcherai de conserver le maximum d'intérêts dans le plus grand nombre de secteurs possibles

Dédée aime les opéras de Wagner, les recettes de cuisine bourgeoise, les histoires cauchoises un peu salaces, le dalaï-lama et les prévisions météorologiques valables pour les côtes de la Manche, etc.

Mamina aime la culture des plantes en pots, le rugby, ses bridges du vendredi après-midi avec quatre copines dans ses âges, les romans historiques et les considérations méréorologiques sur les montagnes de Savoie[1], etc.

Pendant quinze ans, Maman s'est tellement passionnée pour le village dont elle a été maire à la mort de mon Papa/maire, qu'elle a négligé la culture des plantes, les recettes de cuisine, les biographies historiques et Mozart. Même les

1. Comme tous ceux qui jugent la météo à l'échelon local, toutes deux sont prêtes à démontrer que les spécialistes de cette science inexacte ne sont que des ânes. Dédée conteste leurs prévisions côté pluie (il pleut beaucoup moins chez nous qu'ils ne le disent), Mamina côté neige !

conditions météorologiques ont perdu de leur intérêt à ses yeux quand elles n'ont plus découragé ou attiré les campeurs dans sa municipalité. N'ayant pas su remplacer ses activités « lourdes » d'élue locale par des centres d'intérêt divers et variés, ses dernières années ont filé une longue nostalgie du temps passé qui lui faisait oublier l'attrait de chaque journée nouvelle. Nous ne sommes jamais parvenus à la convaincre de profiter de l'instant, elle qui n'en avait pas pris l'habitude dès son âge mûr. Elle s'est enfermée dans le placard aux souvenirs après avoir tiré les volets de ses fenêtres sur la vie.

Ce syndrome « d'un seul boulot vous manque et tout est dépeuplé » menace beaucoup d'hommes qui ne savent comment remplir le vide immense laissé par la perte de leur hyperactivité professionnelle. Certains en arrivent même, au sens propre, à mourir d'ennui ! Quelle absurdité de se gâcher ainsi la dernière étape, sous prétexte que la course n'a plus d'intérêt quand on change de braquet pour rouler à une allure plus raisonnable ! Il faut se défier de tout investir dans le même secteur, si l'on veut continuer à profiter de sa vie quand on a cessé de la gagner.

Ah, comme je voudrais préserver mes marottes, mes folies, mes ouvertures, mes curiosités, me faire des plaisirs parce que j'aurai gardé des désirs, et surtout me sentir encore capable de m'enthousiasmer ou de me scandaliser ! Ah, comme je voudrais être une vieille dame indigne !

Je m'occuperai activement de ma santé en m'appliquant à en parler le moins possible.

En bon fils, mon ami Frédéric déjeunait tous les dimanches avec ses vieux parents. Lassé de les entendre décliner et commenter tous leurs maux, leurs traitements et leurs petites misères, il déclare, en préambule à l'un de ces repas dominicaux :

« Toute personne qui parlera de sa santé versera une amende de dix francs dans la soucoupe placée au centre de la table.

A la fin du déjeuner, hélas, j'aurais eu de quoi acheter au moins deux bouteilles de champagne. Moi, ça m'a fait plutôt rire. Pas mes parents. Ils se sont rendu compte qu'ils se plaignaient tout le temps... »

Quand la mécanique se déglingue, quand on ne va plus jamais *très bien*, mais seulement *pas trop mal*, quand chaque symptôme peut être annonciateur de quelque chose de grave, quand on collectionne cachets et pilules, il ne doit certes pas être facile de passer son corps sous silence. Est-ce une raison suffisante pour faire partager ses petites — ou grandes — misères à chacun de ses interlocuteurs ?

D'autant que les plus hypocondriaques sont généralement les plus mal soignés. Terrifiés par la maladie, ils jouent les autruches et tardent à passer les visites et examens nécessaires.

En suivant attentivement la santé de mes chers aînés, j'ai appris qu'il ne faut jamais baisser les bras. Plusieurs fois, nous avons cru Dédée au plus mal ; chaque fois, elle s'est battue pour sortir de cette mauvaise passe. A la voir lutter contre les microbes avec la fière bravoure de la chèvre de monsieur Seguin — consciente qu'un beau matin le loup finirait par la manger, mais décidée à ne rendre l'âme qu'en toute dernière extrémité —, j'ai acquis trois certitudes :

- Il ne suffit pas d'être vieux et malade pour être mourant. On est souvent étonné du pouvoir de récupération de certains aînés. Souffrants, ils sont impressionnants à voir ; débarrassés d'une infection, ils reprennent du poil de la bête et peuvent miraculeusement « rajeunir » après quelques jours de bonne santé !
- Il ne faut vraiment compter que sur soi-même pour se soigner heure par heure, presque minute après minute. On ne guérit que quand on est soi-même décidé à le faire.
- Il est infiniment plus admirable, quand on est vieux, d'être bien portant que malade. Ceux

qui se plaignent pour être aimés font un mauvais calcul !

La méthode de Dédée est géniale. Quand on lui demande comment elle va, elle répond immédiatement : *« Très bien ! »* Ensuite seulement, après que l'on a beaucoup insisté pour savoir la vérité, elle veut bien admettre que tout n'est pas parfait. Mais au lieu d'en rajouter, comme elle serait en droit de le faire à quatre-vingt-quinze ans, elle minimise, ce qui nous rend d'autant plus attentifs au moindre clignotant. Je m'intéresse mille fois plus à sa santé que si elle m'accueillait à chaque coup de téléphone par un *« Ça ne va pas fort, je ne me sens vraiment pas bien... »*

J'aimerais tant que le courage et la dignité se transmettent aussi par les gènes. Parce que Dédée ne m'a pas élevée, c'est son « inné » que je suis fière de partager !

Je déménagerai à temps pour avoir encore les forces nécessaires et la capacité de m'adapter à un nouveau cadre de vie.

Quelquefois, je suggère à mon mari qu'il sera bientôt temps pour nous d'aller vivre dans une résidence style Hespérides. Vous savez, ces immeubles spécialement conçus pour décharger les aînés des tracas du quotidien : gardiennage, sécurité, surveillance médicale, femme de ménage à la demande, salle de bridge, etc. La version *« cadres »* des foyers-résidences, où chacun préserve son individualité tout en bénéficiant de services collectifs.

Comme il est gentil, il me répond en souriant :

— *Tu ne crois pas que nous sommes encore un peu jeunes pour envisager une pareille solution ?*

J'admets qu'il n'y a pas urgence ; néanmoins, je veux que nous nous habituions à l'idée que notre maison adorée n'abritera en aucun cas nos vieux jours. Trop grande, avec des escaliers assassins pour de vieilles jambes, nous devrons un jour la quitter sans considérer qu'il s'agit là forcément d'un drame, d'une déchirure insupportable.

Au-delà de quatre-vingts ans, ce dernier déménagement serait presque toujours nécessaire ; au-delà de quatre-vingts ans, justement, il est très fréquent qu'il n'ait pas lieu. On n'a plus le courage de bouger ; les lieux et les objets, chargés de souvenirs des êtres chers, parfois disparus, prennent une signification presque métaphysique. Il est affectivement impossible d'« habiter » un nouvel espace. Les médecins eux-mêmes déconseillent de changer un vieillard de cadre ; les risques de déclin s'en trouvent considérablement accrus.

Pourtant, que de soucis et de difficultés liés aux conditions de logement ! Combien de vraiment vieux ne sortent pour ainsi dire plus de chez eux parce qu'ils n'osent plus affronter les étages ? Combien se retrouvent isolés dans des maisons qui convenaient à de jeunes retraités, mais qui deviennent dangereuses au moment d'un veuvage ? Combien devraient opter pour le centre d'un bourg au lieu de la rase campagne, du jour où ils ne jouissent plus de leur autonomie automobile ? Combien se plaignent de ne pas voir suffisamment leurs enfants alors qu'eux-mêmes refusent de s'en rapprocher ?

Si l'on veut garder le contrôle de son quatrième âge, le vivre le plus sereinement possible sans en faire retomber les tracas sur sa famille, il faudrait avoir résolu avant soixante-quinze/quatre-vingts ans cette question capitale du dernier domicile.

Une directrice de foyer-résidence confirme :

« 90 % de mes pensionnaires viennent ici d'eux-mêmes pour des raisons de commodité ou de santé. Dans ces cas d'arrivée volontaire, tout se passe très bien. Les 10 % restants sont placés chez nous à la demande de leurs familles, quand ils n'ont déjà plus le goût ni la capacité de se réadapter. Dans ces

cas-là, les choses sont nettement plus mal vécues. »

Décidément, il va falloir que je reparle très vite à mon mari de nos ultimes pénates : quinze ans de réflexion ne seront pas de trop pour une décision aussi importante !

J'essaierai de dépendre le moins possible de mes enfants : financièrement comme affectivement.

Financièrement, j'ai accompli les fameuses trente-sept années de travail salarié qui me garantissent une retraite bien à moi ; je ne devrais donc pas avoir à tendre la main à mes fils. Ce sentiment me remplit d'aise. On a beau trouver normal que les enfants subviennent en partie aux besoins de leurs vieux parents — je suis la première à le penser pour les autres ! —, je n'aimerais pas être contrainte d'en arriver là.

On n'enlève pas le pain, ni même la brioche, de la bouche d'un bébé sans que sa fierté de parent en souffre. Or, même à quarante/cinquante/soixante ans, votre enfant reste toujours un peu — un tout petit peu — votre bébé à vous. Un coup de main, oui. Du temps, oui. De l'argent, pas vraiment. Comment supporter l'idée que le conjoint d'un de vos enfants puisse, ne serait-ce qu'incidemment, faire allusion à ce subside distrait de leur budget ?

Il faudrait que je sois vraiment dans la mouise pour en arriver à une telle extrémité !

Affectivement, je me sens moins sûre de pouvoir cultiver mon autonomie. Saurai-je :

- ne pas trop peser sur mes enfants grisonnants[1] ?
- ne pas attendre chacun de leurs coups de téléphone comme un rayon de soleil ?
- ne pas mesurer mes moments de bonheur à leur temps de présence ?
- jouer les Maman/Mamie à temps partiel, comme j'ai parfaitement su le faire avant même d'avoir les cheveux blancs ?

Soyons lucide : je ne donnerais pas ma tête à couper que je pourrai me montrer capable d'une telle désinvolture. Qui plus est, les enfants ne sont pas seuls dans la balance : les petits-enfants aussi doivent terriblement manquer s'ils se font rares, et *ils se feront forcément de plus en plus rares en grandissant*. J'écris, je souligne, j'insiste : sauf cas rarissimes — et, tout compte fait, pas tellement souhaitables, car ils traduisent une faiblesse du jeune qui reste trop accroché aux

1. Ayant eu mes enfants relativement jeune, ils seront sûrement grisonnants quand j'aurai les cheveux tout blancs.

aînés —, il est normal que les relations entre grands-parents et petits-enfants se distendent à partir de la puberté.

Hélas, il ne suffit pas de le savoir pour s'en consoler, mais je suis résolue à faire l'effort de m'y habituer — et celui de me taire si je ne m'habitue pas.

Je ferai mon possible pour avoir toujours un projet d'avenir.

La vie peut désormais durer très longtemps. A l'occasion d'un drame, d'un deuil, d'une rupture, il nous arrive de croire que notre existence est terminée. Pourtant, il faut savoir rebondir, retrouver un sens, réinventer des projets. Il y va de sa dignité, une valeur que j'ai tant côtoyée et appréciée chez mes aînés ! (Non, non, je ne me contredis pas ! Je rêvais certes, tout à l'heure, d'être une vieille dame indigne, et je fais à présent l'apologie de la dignité. Ne faites pas semblant de ne pas comprendre : je voudrais être une digne vieille dame indigne, ou plus exactement une vieille dame indigne pleine de dignité. Vous m'avez saisie ?)

Vous connaissez l'histoire de ce grand patron japonais, bâtisseur d'un gigantesque empire connu dans le monde entier ? Le jour de ses quatre-vingt-dix ans, un journaliste vient l'interviewer :

— *Pouvez-vous nous confier quel est le plus beau jour de votre vie ?*

Le potentat réfléchit longuement, semble hésiter pour faire un choix parmi son presque siècle de souvenirs. Répond enfin avec un sourire « japonais » :

— *Demain.*

Je voudrais, au même âge, pouvoir faire la même réponse. Vivre avec des rendez-vous et des rencontres prévus pour les jours et les mois à venir. Me réjouir de lointains projets et du retour de la belle saison. Entreprendre mes Mémoires et ne jamais les terminer. Partir en n'ayant pas eu le temps de finir.

Commencer une nouvelle phrase et ....
....

Veulettes, février 1990.

Bibliographie

ARIÈS Philippe et DUBY Georges, *Histoire de la vie privée, t. V*, Seuil, 1987.

BADOU Gérard, *Les Nouveaux Vieux*, Pré aux Clercs, 1989.

BAUD Francis, *Les Relations humaines*, PUF, 1970.

DE BEAUVOIR Simone, *La Vieillesse, t. I et II*, Gallimard, (coll. « Idées »), 1970.

DE BEAUVOIR Simone, *La Cérémonie des adieux*, Gallimard, 1981.

BOIS Jean-Pierre, *Les Vieux, de Montaigne aux premières retraites*, Fayard, 1989.

BRAUN Théo et STOURM Michel, *Rapport de la Commission nationale d'études sur les personnes âgées dépendantes*, 1987.

BURGUIÈRE André, KLAPISCH-ZUBER Christiane, SEGALEN Martine, ZONABEND Françoise, *Histoire de la famille, t. I et II*, Armand Colin, 1986.

CICUREL Michel, *La Génération inoxydable*, Grasset, 1989.

COMBAZ Christian, *Éloge de l'âge dans un monde jeune et bronzé,* Laffont, 1987.

Van EERSEL, *La Source Noire,* Grasset, 1986.

ERNAUX Annie, *Une femme*, Gallimard, 1987.

FUKASAWA, *Narayama*, Gallimard, 1980.

MANCEAU Michèle, *Grand Reportage*, Seuil, 1980.

PREEL Bernard, *La Société des enfants gâtés*, La Découverte, 1989.

ROYAL Ségolène, *Le Printemps des grands-parents*, Laffont, 1987.

DE ROSNAY Joël, *L'Avenir en direct*, Fayard, 1989.

ORMEZZANO Jean, *Le Grand Age de nos proches*, Laffont (coll. « Réponses »), 1985.

ROUSSEL Louis et BOURGUIGNON Odile, *La Famille après le mariage des enfants,* « Travaux et Documents » n° 78, PUF.

SALOMÉ Jacques, *Parle-moi... j'ai des choses à te dire,* L'Homme, 1982.

TABLE

Cet ouvrage a été composé par C.M.L., Montrouge
et imprimé par la la S.E.P.C. à Saint-Amand-Montrond (Cher)
pour le compte de la librairie Arthème Fayard, le 1er mars 1990

Dépôt légal : mars 1990. N° d'édition : 6737. N° d'impression : 537
35-57-8234-01
ISBN 2-213-02462-6

Imprimé en France